Friedel Schardt & Ulrike Stolz

W0083051

Das Referat

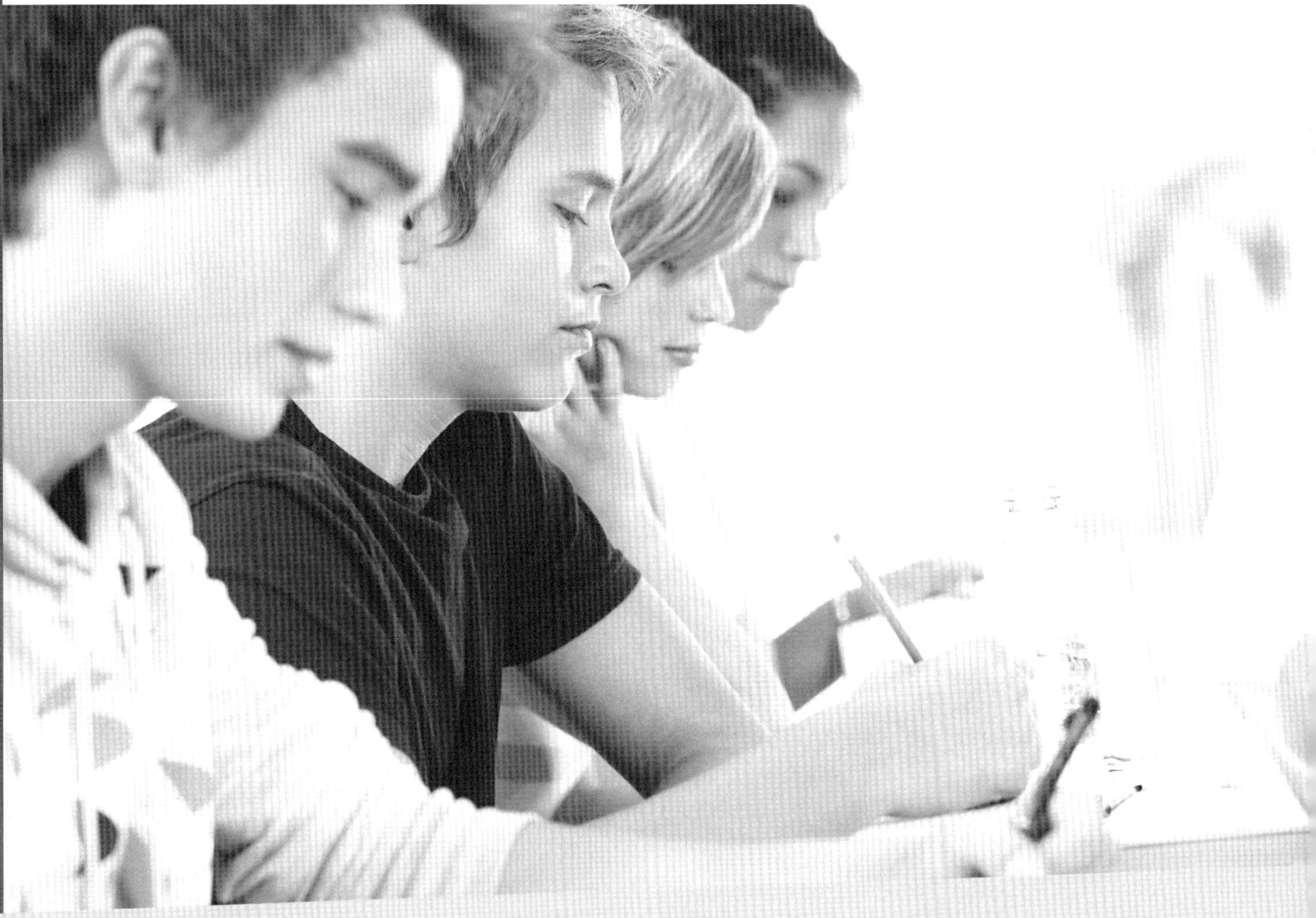

6 Unterrichtseinheiten mit fix & fertigen Stundenbildern!

Kopiervorlagen, mit Lösungen

Lernen mit Erfolg

KOHL VERLAG

Der Verlag mit dem Baum

www.kohlverlag.de

Nutzen Sie unseren bequemen Onlineshop!

- Ausführliche Informationen
- Aussagekräftige Leseproben
- Schnäppchen & besondere Angebote

www.kohlverlag.de

- Das Referat -
aus der Reihe „Praxis Deutsch SEK"

1. Auflage 2012

© Kohl-Verlag, Kerpen 2012
Alle Rechte vorbehalten.

Inhalt: Ulrike Stolz & Friedel Schardt
Umschlagbild: © Yuri Arcurs - Fotolia.com
Redaktionelle Überarbeitung: Moritz Quast & Jürgen Tille-Koch
Grafik & Satz: Kohl-Verlag
Druck: Medienzentrum Süd, Köln

Bestell-Nr. 10 904

ISBN: 978-3-86632-904-1

Inhalt

Das Referat   Praxis Deutsch Sekundarstufe   -   Bestell-Nr. 10 904

KOHL VERLAG
www.kohlverlag.de

Inhalt

KOHL VERLAG
www.kohlverlag.de
Das Referat
Praxis Deutsch Sekundarstufe - Bestell-Nr. 10 904

Vorwort und Hinweise

Ein Referat im schulischen Sinn ist in erster Linie die Wiedergabe recherchierter Tatsachen und Gedanken in einem mediengestützten Vortrag. Im Vordergrund stehen bei der Erarbeitung und dem anschließenden Vortrag ...

- ... die thematische Sachkenntnis,
- ... die inhaltliche Gestaltung und
- ... die Präsentation der Person.

In diesem Band werden diese genannten Bereiche berücksichtigt durch

- ... Vorschläge zur strukturellen Gliederung eines Referates,
- ... Ausführung methodischer Möglichkeiten einer inhaltlichen Erarbeitung,
- ... mediale Begleitung des Vortrages und
- ... persönlichkeitsbildende Übungen und Vorschläge für die Schüler.

Aufbau und Entstehen eines Referates wird am Beispiel „Dubai" aufgezeigt, dessen Umsetzung sich als roter Faden durch den Band zieht. Durch Eingehen auf die einzelnen Teilbereiche in differenzierten Übungsformen, methodischen Hinweisen, Aufgabenstellungen und Tipps wird den Schülern eine Vorlage für die Erstellung eigener Referate gegeben. Für die in diesem Buch zur Erarbeitung vorgeschlagenen Themen „Trendsportarten", „Gefährdung durch Drogen" und „Berufe" mit einem daraus entwickelten Themenfeld werden Lösungen angeboten, die die Vorbereitung und Kontrolle der Lehrperson erheblich unterstützt und erleichtert.

Die Schüler werden durch die praxisorientierten Anleitungen und Angebote die wesentlichen Kenntnisse für die Erstellung eines Referates erfahren und erwerben. Die zahlreichen praktischen Tipps für eine Präsentation werden mit dem Blick in die Zukunft der Schüler eine wichtige Hilfestellung für kommende Bewerbungen und Bewerbungsgespräche sein.

KOHL VERLAG · Das Referat · Praxis Deutsch Sekundarstufe · Bestell-Nr. 10 904 · www.kohlverlag.de

Mögliche zeitliche Planung

Selbstverständlich ist es jedem Lehrer selbst überlassen, einen passenden Zeitaufwand für das Erläutern und Erlernen des Referates festzulegen. Die individuellen Voraussetzungen sind von Klasse zu Klasse und von Schüler zu Schüler sehr unterschiedlich. Deshalb ist die angegebene Planung nur als möglicher Richtwert zu betrachten, der individuell angepasst wird.

1 **Wie gliedere ich ein Referat?**

1 h   Aufbau *(Seite 8)*; Aufbau im Überblick *(Seite 9)*; Erste Überlegungen *(Seite 10)*

HA   nach kurzer Besprechung Zusammenfassung/Fazit des Referates *(Seite 11)* oder 1 h

2 **Probieren wir's mal**

1 h   Übung zum Aufbau *(Seiten 13/14)*; Themenfindung *(Seite 15)*; Tabelle für die ersten Überlegungen *(Seite 16)* eventuell als HA fertigstellen

1 h   Informationen suchen *(Seiten 17/18)*, eventuell als HA fertigstellen

3 **Methodische Umsetzung**

1 h   Methoden zum Einstieg *(Seiten 20/21)* eventuell als HA fertigstellen

1 h   Methoden im Laufe des Referates *(Seite 22)*; Mindmap – eine Methode für eine gute Struktur *(Seite 23)*; Karteikarten – eine Methode zur Organisation *(Seite 24)*; eventuell Aufgabe 3 als HA fertigstellen oder eine weitere Stunde

4 **Umsetzung – Medien**

2 h   Medien im Überblick *(Seiten 27-33)*; je nach Vorwissen kann dieses Kapitel sehr zügig bearbeitet oder benötigt etwas Zeit

2 h   Umsetzung – Medien *(Seiten 34-36)*; Ausarbeitung je nach Schüler individueller Zeitaufwand, eventuell als HA fertigstellen

5 **Wie präsentiere ich mich?**

1 h   Praktische Übungen zur Körpersprache *(Seiten 38-41)*

1 h   Wie präsentiere ich mich? *(Seiten 42-44)*

6 **Und nach dem Referat?**

1 h   Und nach dem Referat? *(Seiten 46-48)*

8 **Ausgearbeitete Themenfelder**

    individueller Zeitaufwand je nach Einsatz

Bestell-Nr. 10 904

Das Referat
Praxis Deutsch Sekundarstufe

KOHL VERLAG
www.kohlverlag.de

Zu den ersten Überlegungen für ein Referat gehören die Themenwahl und die Gliederung des Themas in verschiedene Bereiche bzw. Unterthemen. Dabei können mit diesen Kopiervorlagen **zwei Möglichkeiten** umgesetzt werden:

Möglichkeit 1

Das Thema des Referates kann von den Schülern schon vor Beginn der Einheit „Referat" festgelegt werden. Die vorliegenden Kopiervorlagen führen Schritt für Schritt an die Gestaltung des Referates heran. Jeder Schüler überträgt dann alle Aufgaben auf sein Thema und bearbeitet es. In diesem Fall prüft der Lehrer genau, welche Kopiervorlagen wirklich nötig sind.

Themenvorschläge finden sich im Kapitel „Probieren wir's mal – Themenfindung" auf Seite 15. Zu diesen Vorschlägen liegen auch genügend Ausarbeitungsmaterialien im Band vor. So kann an einem bereits „vorbereiteten" Thema konsequent geübt werden.

Möglichkeit 2

Die Schüler können bei jeder Aufgabe auch ein anderes frei gesuchtes Thema wählen, sodass sie sich mit verschiedenen Themenbereichen auseinandersetzen. Am Ende der Übungseinheit entscheiden sie sich dann für ein Thema und entwerfen ein komplettes Referat zu diesem am Schluss selbst gewählten Thema.

Diese zweite Variante ist wesentlich zeitaufwändiger, sodass der Lehrer hierbei je nach Zeitkontingent entscheidet.

  Tipp:

Klären Sie mit Ihren Schülern am besten den Begriff „Roter Faden" und dessen Bedeutung.

Der „rote Faden" ist für die Gliederung bzw. den Aufbau des Referates sehr wichtig. Deshalb werden die folgenden Kärtchen zur Veranschaulichung an der Tafel bzw. auf dem Overheadprojektor (OHP) parallel zu der Kopiervorlage aufgezeigt.

Was und Warum?
Bereiche und Zusammenhänge
Spezialthemen
Fazit / Zusammenfassung
Reflexion

1 Wie gliedere ich ein Referat?

Aufbau

HILFEEEEEE!!!
Laura, du musst mir unbedingt helfen! Ich muss ein Referat halten und habe keine Ahnung, wie ich es anfangen soll .... .

Oh je, so ging's mir auch immer.
Aber eigentlich ist es gar nicht so schwer.
Worum soll's in deinem Referat denn gehen?

Hmmm .....
Weiß ich noch
gar nicht!

Was interessiert
dich denn?

Da war neulich so'n großes Hotel im Fernsehen,
ich glaube in Dubai – oder so ähnlich.

Dann hast du ja schon mal
dein Thema gefunden. Jetzt überlegst du dir
einfach, was neben dem Hotel für die anderen
an Dubai noch interessant sein könnte.

..... Damit **DU** in deinem Referat nicht den „Roten Faden" verlierst, kann dir die folgende Gliederung helfen:

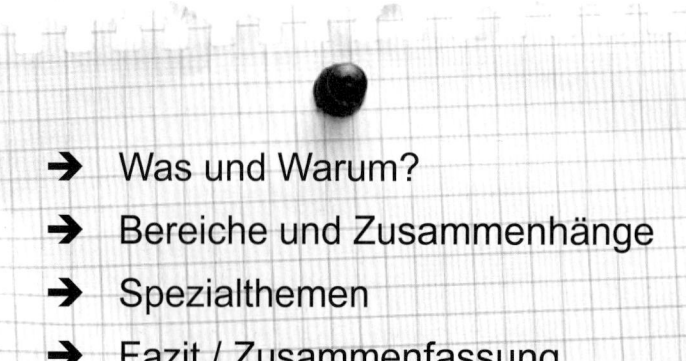

➜ Was und Warum?

➜ Bereiche und Zusammenhänge

➜ Spezialthemen

➜ Fazit / Zusammenfassung

➜ Reflexion

KOHL VERLAG
www.kohlverlag.de

Das Referat
Praxis Deutsch Sekundarstufe - Bestell-Nr. 10 904

Aufbau im Überblick

A

- Was möchte ich vorstellen?
- Warum habe ich mir das Thema ausgesucht?
- Welche Bedeutung hat es für mich oder für meine Umwelt?

(siehe auch erste Überlegungen Seite 10/16)

B

- Was steckt eigentlich alles in dem Thema drin? (Bereiche, Unterthemen)
- Über welche Bereiche möchte ich sprechen?
- Wie stehen die einzelnen Bereiche miteinander in Verbindung?

(Mindmap siehe Seite 18)

A Was und Warum?
B Bereiche und Zusammenhänge
C Spezialthemen
D Zusammenfassung
E Reflexion

C

- Aus diesen vielen Bereichen oder Unterthemen suche ich mir 2 oder 3 Themen heraus, weil sie mich vielleicht besonders interessieren.

(siehe Kapitel 2 Seite 18)

D

- Welche Themen habe ich angesprochen?
- Was waren die wesentlichen Inhalte, Erkenntnisse, Besonderheiten aus diesen Bereichen?

E

- Was sind meine persönlichen Erkenntnisse, die ich daraus ziehe?
- Welche Erfahrungen habe ich gemacht?

(siehe Kapitel 6)

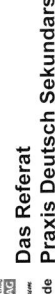 

Das Referat
Praxis Deutsch Sekundarstufe - Bestell-Nr. 10 904

KOHL VERLAG
www.kohlverlag.de

Erste Überlegungen

Thema: Dubai	Name: Max Mustermann
A **Warum DAS Thema:** Bedeutung für mich/für meinen Unterricht	• Habe schon viele Berichte über Dubai gesehen. • Menschen aus unterschiedlichen Kulturen leben dort zusammen. • Mich interessieren besonders berufliche Chancen und der Reichtum des Landes.
B **Wissenswertes:** *(in Stichpunkten)*	• Lage (geographisch) • Land und Leute (Kultur) • Ressourcen (Bodenschätze, Öl …) • Tourismus (teuerstes Hotel …)
C **Spezialthemen:** *(in Stichpunkten)*	• Land und Leute (Kultur) ⇨ Sprache ⇨ Essen ⇨ Tradition ⇨ Religion ⇨ Politik • Tourismus ⇨ Hotels ⇨ Freizeitgestaltung ⇨ berufliche Möglichkeiten

KOHL VERLAG
Der Verlag mit dem Baum
www.kohlverlag.de

Das Referat
Praxis Deutsch Sekundarstufe - Bestell-Nr. 10 904

Zusammenfassung / Fazit

Na, wenn ich die Inhalte alle vorgetragen habe, bin ich schon fertig – toll!

Vergiss aber das Ende nicht! Zum Schluss solltest du noch kurz zusammen- fassen, was du gesagt hast und was für dich besonders wichtig war. Es wäre auch nicht schlecht, sich für die Aufmerksamkeit zu bedanken ... .

Zusammenfassung

⇨ In einer Zusammenfassung/in einem Fazit wird eine kurze Übersicht über die Inhalte, Kernfragen und Erkenntnisse der Präsentation gegeben.

⇨ Sie erfolgt knapp, präzise und informativ, das heißt, nur das Wichtigste wird noch einmal kurz beschrieben..

⇨ Hierbei erfolgen keine Ausschmückungen oder Wertungen.

> Hilfreiche Fragen für eine gelugene Zusammenfassung:
>
> • Worüber habe ich berichtet?
>
> • Was waren die wesentlichen Punkte/Inhalte, Erkenntnisse, Besonderheiten, über die ich berichtet habe?

Hier als Beispiel ein kurzes Fazit/eine kurze Zusammenfassung als Beispiel am Thema „Dubai":

Ich habe nach der Bearbeitung des Themas „Dubai" meine Meinung über die Stadt ändern müssen. Ich habe geglaubt, dass sie am Ende der Welt irgendwo in der Wüste liegt, dass die Menschen arm und rückständig sind und dass das Land keine Bedeutung für die Welt hat. Das Gegenteil ist der Fall: Dubai ist eine faszinierende Weltmetropole mit reichen Ölvorräten, mit denen sie die Welt versorgt. Die Menschen sind aufgeschlossen, Häuser und Gebäude modern. Sie lockt inzwischen zahlreiche Firmen, Zuwanderer und Touristen an. Ich träume davon, dort einmal Urlaub machen zu können. Herzlichen Dank für eure Aufmerksamkeit.

EA

Aufgabe 1: *Erstelle zu einem der drei Themenfelder (Modedesigner, Waveboard, Rauchen) oder zu deinem frei gewählten Thema ein kurzes Fazit.*

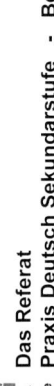
KOHL VERLAG
www.kohlverlag.de
Das Referat
Praxis Deutsch Sekundarstufe · Bestell-Nr. 10 904

2 Probieren wir's mal

Das Themenbeispiel „Dubai" gibt eine Strukturhilfe für den Aufbau eines Referates an die Hand. Diese Struktur wird bei der Bearbeitung der anschließenden Themen übernommen. Wichtig ist dabei, dass die Schüler das Vorgehen erst einmal an _einem_ Beispiel, für das sie sich entscheiden, üben. Sie wählen sich aus den 3 Themenfeldern auf Seite 15 eines aus und bearbeiten es nach der gegebenen Struktur.

Es ist zu empfehlen, eines der folgenden Themen zu bearbeiten, da diese drei Themenfelder ausgearbeitet in Kapitel **8** vorliegen. In diesem Kapitel liegen zu allen drei Themenfeldern aus Kapitel **2** die komplette Ausarbeitung als Lösung vor. So kann man mit den eigenen Ergebnissen vergleichen bzw. sehen, wo noch Nachbesserungen erforderlich sind. Das entlastet Ihre Vorbereitung und anschließend die Kontrolle erheblich!

Tipp:

Die beiden Seiten „Probieren wir's mal – Übungen zum Aufbau" können bequem auf ein Blatt (z.B. DIN A3) nebeneinander kopiert werden.

KOHL VERLAG
Das Referat
www.kohlverlag.de
Praxis Deutsch Sekundarstufe - Bestell-Nr. 10 904

2 **Probieren wir's mal**

Übung zum Aufbau

Oh je! Alex und Clara hatten ihr Referat über Dubai fast fertig, aber der Wind hat alles durcheinandergebracht!

EA

Aufgabe 1:

a) *Hilf den beiden, alles wieder in die richtige Reihenfolge zu bringen. Notiere die Buchstaben in der richtigen Reihenfolge.*

A **WISSENSWERTES ALLGEMEIN**

Dubai ist ein Emirat (Staat) der Vereinigten Arabischen Emirate (VAE) und liegt auf der Arabischen Halbinsel am Persischen Golf.
Scheich Muhammad bin Raschid Al Maktum ist Dubais Herrscher, das heißt, Vizepräsident und Premierminister der VAE.

B **REFLEXION**

Dubai hat mich vor allem aufgrund seiner riesigen und beeindruckenden Bauwerke interessiert. Ich finde, es ist ein sehr modernes Land. Ständig verändert es sich, da immer wieder neue Bauten oder Sehenswürdigkeiten entstehen.

C So entstehen zahlreiche Bauprojekte wie zum Beispiel das Hotel „Burj al Arab". Für diese Bauprojekte benötigt das Land junge Arbeiter, die zumeist aus dem Ausland kommen. Die Landessprache ist zwar Arabisch, dennoch ist Englisch aufgrund der Vielschichtigkeit der Bevölkerung weit verbreitet.

E Aufgrund dieser multikulturellen Gesellschaft ist Englisch als Alltagssprache weit verbreitet. Jedoch ist die offizielle Sprache Dubais Arabisch. Staatsreligion ist der Islam, da die Mehrheit der Bewohner Dubais Sunniten sind, die die größte Glaubensrichtung im Islam bilden. Darüber hinaus gibt es aber auch Hindus, Sikhs, Schiiten und Christen.

D Außerdem finde ich es modern, da so viele Menschen aus unterschiedlichen Kulturen zusammenleben. Das ist für den Nahen Osten sehr ungewöhnlich und ich hoffe, dass in der Zukunft ein friedlichen Zusammenleben wie in Dubai möglich ist.

Bestell-Nr. 10 904
Das Referat
Praxis Deutsch Sekundarstufe
KOHL VERLAG
Der Verlag mit dem Baum
www.kohlverlag.de

F | **LEUTE**

Für diese vielen Bauprojekte benötigt das Land junge und qualifizierte Arbeiter. Viele der in Dubai lebenden Menschen sind daher Ausländer. Die meisten von ihnen kommen aus dem südlichen Asien (Indien, Pakistan, Sri Lanka) und aus den Philippinen. Ein kleiner Teil stammt auch als Afrika, Europa (ca. 8000 Menschen aus Deutschland), aus den USA und aus Kanada.

G

DUBAI
von
Alex und Clara

H | **LAND UND KULTUR**

Das Land bzw. Emirat Dubia ist vor allem für seine Wolkenkratzer, Einkaufszentren und künstlich angelegten Inseln im Meer bekannt. Das teuerste und zugleich eines der höchsten Hotels ist das „Burj al Arab". Die weltweit größte künstliche Inselgruppe nennt sich „The Palm", da sie aus der Luft wie eine große Palme aussieht.

I

Die Hauptstadt des Emirats Dubai ist die gleichnamige Stadt Dubai. Hier leben zwischen 1,5 und 2 Millionen Menschen, ca. 85% des gesamten Emirats Dubai.
Das Erdöl hat Dubai zu Reichtum gebracht, jedoch werden diese Ressourcen bald erschöpft sein, sodass die Finanzwirtschaft zukünftig durch Tourismus, Handel und Industrie angekurbelt werden muss.

J | **ZUSAMMENFASSUNG**

Dubai ist ein Staat der VAE. Die gleichnamige Hauptstadt ist mit 85% der Einwohner des gesamten Emirats sehr bevölkerungsreich. Durch das Erdöl ist Dubai sehr reich geworden. Da die Ressourcen jedoch langsam knapp werden, spezialisiert sich Dubai nun auf den Handel und den Tourismus.

Richtige Reihenfolge:

b) *Notiere in Stichworten, was du alles über Dubai erfahren hast.*

Das Referat
Praxis Deutsch Sekundarstufe - Bestell-Nr. 10 904
KOHL VERLAG
www.kohlverlag.de

Themenfindung

Aufgabe 2: *Entscheidet euch für eines der folgenden Themen, das euch besonders interessiert.*

Diese Themen sind sicher interessant, aber sie sind so umfangreich, dass sie nicht in ein einziges Referat gepackt werden können.

Aufgabe 3: **a)** *Hier sind einige Beispiele für verschiedene Themenfelder zu den Themenvorschlägen. Nun wird das Thema etwas eingekreist. Sucht euch ein Themenfeld heraus und entscheidet euch darin für ein Thema.*

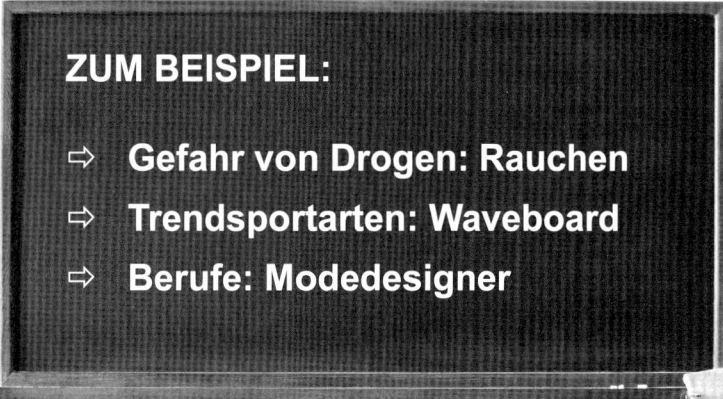

 Tipp:

Achtet immer darauf, euer Referat mit einem Thema zu wählen, das nicht zu umfangreich ist.

b) *Erstellt zu einem der drei Themenfelder auus Aufgabe 3a einen Aufbau für euer Referat. Die leere Tabelle „Erste Überlegungen" auf der nächsten Seite kann euch dabei helfen.*

 Das Referat
Praxis Deutsch Sekundarstufe - Bestell-Nr. 10 904

 KOHL VERLAG
www.kohlverlag.de

Tabelle für die ersten Überlegungen

Thema:	Name:
A **Warum DAS Thema:** Bedeutung für mich/für meinen Unterricht	
B **Wissenswertes:** *(in Stichpunkten)*	
C **Spezialthemen:** *(in Stichpunkten)*	

Das Referat
Praxis Deutsch Sekundarstufe - Bestell-Nr. 10 904
KOHL VERLAG
www.kohlverlag.de

2 Probieren wir's mal

Tabelle für die ersten Überlegungen

PA

Aufgabe 4:   **a)**   *Sucht Informationen zu eurem Thema.*
Kreuzt an (füllt aus), wo ihr fündig werden könntet.

Hier suchen wir:

☐ Internet
☐ Lexikon
☐ Atlas
☐ Reisebüro
☐ Reisebroschüre
☐ Reiseführer
☐ _____
☐ _____

Hier können wir fragen:

☐ Experten/Expertin
☐ Firmen
☐ Unternehmen
☐ Geschäfte
☐ _____
☐ _____
☐ _____
☐ _____

b)   *Sammelt eure Informationen in einem Cluster. Dieses*
Cluster zu „Dubai" soll als Beispiel dienen. Schreibt euer
Cluster zu eurem Thema auf ein Extrablatt.

Beispiel: Cluster zu „Dubai"

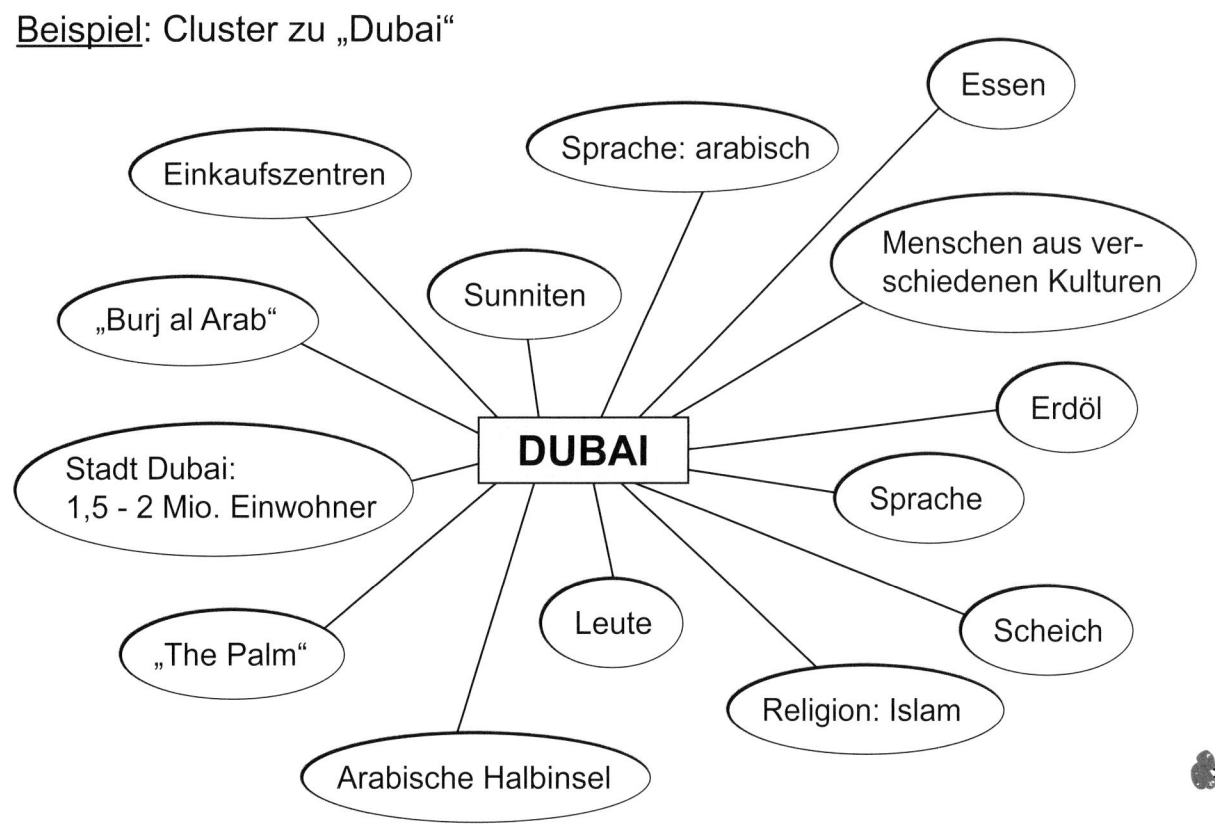

KOHL VERLAG   Das Referat   Praxis Deutsch Sekundarstufe   -   Bestell-Nr. 10 904   www.kohlverlag.de

Informationen suchen

PA

Aufgabe 5: *Notiert euch die Informationen zu eurem Themenfeld in einer sinnvollen Reihenfolge. Geht dabei folgendermaßen vor:*

a) *Erstellt eine Tabelle*

oder

b) *Erstellt eine Mindmap.*

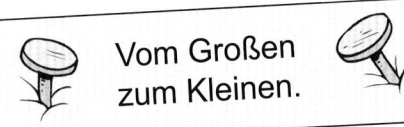

Vom Großen zum Kleinen.

a) Beispieltabelle zu „Dubai":

Bereiche	Unterthemen/Stichpunkte
Geographie	• Emirat Dubai: auf der Arabischen Halbinsel gelegen • Stadt Dubai: 1,5 - 2 Mio. Einwohner
Ressourcen	• Erdöl • ...
Kultur	• viele Menschen aus unterschiedlichen Kulturen • Sprache: Arabisch + Englisch • Religion: Islam
Tourismus	• Hotel: „Burj al Arab" • künstliche Inselgruppe: „The Palm"

b) Beispiel Mindmap „Dubai":

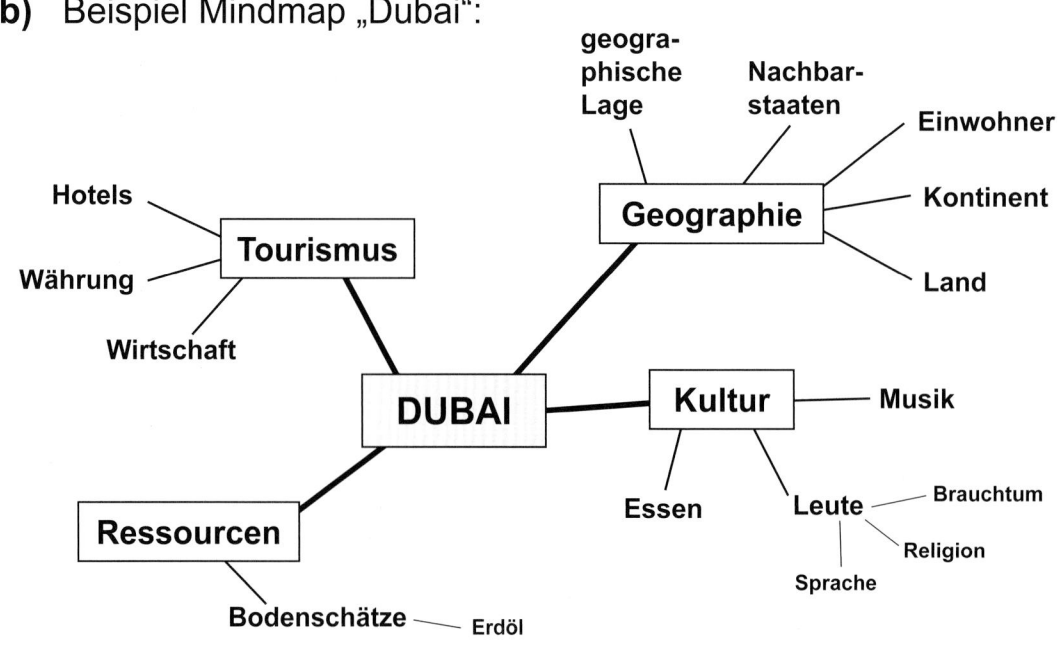

Bestell-Nr. 10 904

KOHL VERLAG
www.kohlverlag.de

Das Referat
Praxis Deutsch Sekundarstufe

3 **Methodische Umsetzung**

Lehrerimpuls

Hierbei sind zwei methodische Vorgehensweisen möglich.

- Jeder Schüler gestaltet einen Einstieg zu einem gemeinsamen Thema (auch in Gruppen möglich). Die verschiedenen Einstiege werden dann präsentiert und besprochen.

- Aus den Themenvorschlägen von Seite 15 suchen sich die Schüler ein Thema heraus und gestalten dazu einen Einstieg.

Das methodische Vorgehen zur Umsetzung dieses Kapitels ist abhängig von den Vorerfahrungen und den bisherigen inhaltlichen und methodischen Erfahrungen der Schüler. In dieser Phase werden folgende Arbeitsweisen angesprochen:

- motivierender verbaler Einstieg in ein Thema (Zitate, Redewendungen, Fragen, Witz, Anekdote ...)
- medialer Einstieg (Film, Musik ...)
- Rollenspiel
- Mindmap

Falls diese bzw. einige Arbeitsweisen schon eingesetzt worden sind, kann die Vorlage problemlos ausgeteilt und mit der Arbeit begonnen werden. Im anderen Fall ist es ratsam, in einem anderen Zusammenhang die angesprochene Methode auszuprobieren bzw. anzusprechen.

KOHL VERLAG
Der Verlag mit dem Baum
www.kohlverlag.de   Das Referat
Praxis Deutsch Sekundarstufe - Bestell-Nr. 10 904

Methoden zum Einstieg

Hey Laura – ich bin's, Jonas. So, jetzt hab' ich schon ganz viele Sachen zu Dubai gefunden: Bin fertig!

Na, dann erzähl mal!

Wie – erzähl mal???

Naja, wie fängst du denn an mit deinem Referat?

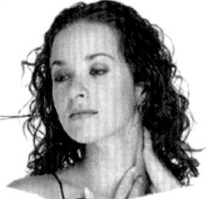

Hää? Ich wollt's einfach nur vorlesen. Ich hab' doch alles aufgeschrieben ... .

Das ist ja voll langweilig. Da schlaf' ich ein, das weiß ich jetzt schon!

 Ein gelungener Einstieg ist das A & O !

Aufgabe 1: *Wie kannst du deinen Zuhörer für dein Thema begeistern?*

EA

_____

_____

_____

_____

_____

KOHL VERLAG
www.kohlverlag.de
Das Referat
Praxis Deutsch Sekundarstufe - Bestell-Nr. 10 904

Kleiner Tipp: Was hat dich an dem Thema so begeistert?
Wie bist du auf das Thema gestoßen?

Beispiele für einen gelungenen Einstieg:

- ☐ Bilder
- ☐ Zitate, Redewendungen
- ☐ Filmsequenzen
- ☐ Fragen stellen (Wer hat schonmal gehört von ... ?, Wer hätte gedacht ... ?
- ☐ Musik (z.B. traditionelle Musik aus einem bestimmten Land)
- ☐ Geschichte, Anekdote oder Witz (Muss zum Thema passen!)
- ☐ Rollenspiel
- ☐ .....

Ein Rollenspiel kann etwa so aussehen:

Zwei Schüler treffen sich nach den Sommerferien wieder in der Schule
und berichten von ihrem Urlaub.

Maria: „Na, Jonas? Wie waren deine Ferien?"

Jonas: „Naja, geht so. Musste mit meinen Eltern jeden Tag wandern.
War total langweilig. Und du?"

Maria: „Bei mir war's voll cool. Schau mal, hab' dir was mitgebracht."
(Maria schenkt Jonas eine Goldmünze.)

Jonas: „Was'n das? Da ist ja irgend so'n Scheich drauf und ... so'n
Gebäude. Warte mal ... das kommt mir bekannt vor."

Maria: „Genau, das ist aus Dubai. Das ist das berühmte Hotel Burj al Arab.
Es ist eines der höchsten und teuersten Hotels der Welt.

An dieser Stelle kann nun zum Referat übergeleitet werden.

Denke daran, dass du Fremdwörter oder Namen wie „Burj al Arab"
richtig aussprichst. Wenn du dir nicht sicher bist, frage deinen
Lehrer oder einen Experten.

EA

Aufgabe 2: *Überlege dir für dein Referat, wie du den Einstieg gestalten*
möchtest. Welche Methode scheint dir sinnvoll?

Das Referat
Praxis Deutsch Sekundarstufe · Bestell-Nr. 10 904
KOHL VERLAG
www.kohlverlag.de

So – der Einstieg wäre geschafft. Jetzt muss ich nur noch den Rest interessant gestalten. ABER WIE?

Methoden im Laufe des Referates

Um ein Referat interessant zu gestalten, hast du vielfältige Möglichkeiten. Die folgende Liste kann dir dabei helfen, aber vielleicht hast du auch schon eigene Ideen.

- Rollenspiel oder kleines Theaterstück (Sketch)

- echte Dinge (z.B. aus dem Land) mitbringen und in den Vortrag einbinden

- falls zwei Referenten präsentieren, müssen sie sich abwechseln

- Einsatz von Medien (z.B. OHP, Plakat, Power Point ... – siehe Kapitel **4**)
  Achtung: Nicht zu viele – nicht Masse ist gefragt, sondern Klasse!

- Interviews oder Umfragen

Beispiel: echte Dinge als Anschauungsmaterial

Du kannst ein kleines Souvenir aus dem Land, in dem du gewesen bist, mitbringen (z.B. Muscheln, Geld ...). Die Sachen sollten aber zu deinem Thema passen.

Münze aus Dubai

Passend!

Unpassend!

Wenn du dich z.B. auf das Thema „Tourismus in Dubai" beschränkt hast, dann könnte die Währung des Landes mit einem Geldstück oder Geldschein veranschaulicht werden. Eine Öllampe wäre hierfür dagegen aber völlig unpassend ... .

KOHL VERLAG
www.kohlverlag.de
Das Referat
Praxis Deutsch Sekundarstufe - Bestell-Nr. 10 904

Mindmap – eine Methode für eine gute Struktur

Eine Methode, um eine gute Struktur in die Vorbereitung deines Referates zu bringen, ist das Gestalten einer Mindmap. Damit erhältst du einen guten Überblick über dein Thema. Gut aufbereitet ist sie mit den Medien Beamer oder OHP sogar perfekt in das Referat einzubauen.

Mindmap-Ideenbaum

 • In die Mitte des Blattes zeichnest du einen Kreis. Dort schreibst du dein Thema hinein.

 • Von diesem Kreis gehen verschiedene Linien nach außen (wie Äste von einem Baum)

 • Am äußeren Ende der Linien schreibst du die verschiedenen Unterthemen auf, die dieses Thema bietet. Diese unterstreichst du.

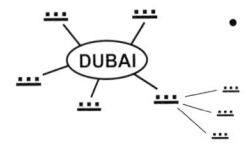 • Von ‚diesen Unterthemen _können_ sich weitere Unterthemen/ Bereiche/Stichpunkte abzweigen.

● Mindmaps können zur Übersicht eingesetzt werden, ...

⇨ ... um verschiedene Bereiche oder Unterthemen anzuzeigen.

⇨ ... um Gruppierungen oder Hierarchien aufzuzeigen (Ober- und Unterthemen).

● Es gibt verschiedene Mindmap-Programme (MindManager, xmind, Free-Mind ...).

● Die Mindmap sieht aus wie ein Baum: In der Mitte befindet sich der Stamm (das Thema), von ihm aus gehen verschiedene Äste ab, die zum Beispiel Unterthemen oder weitere Bereiche des Themas darstellen. Sie werden alle als Schlüsselwörter dargestellt (Wörter, die das Wesentliche vermitteln).

 Das Referat
Praxis Deutsch Sekundarstufe - Bestell-Nr. 10 904
KOHL VERLAG
www.kohlverlag.de

Aufgabe 3: *Was fällt dir noch ein, um das Referat ein wenig „aufzupeppen"?*

EA

_____

_____

_____

_____

Karteikarten – eine Methode zur Organisation

Eine Methode, die häufig angewandt wird, ist der Einsatz von Karteikarten. Er unterstützt deinen Vortrag und erleichtert dir den Überblick. So hast du deine Informationen gut organisiert. Außerdem läufst du nicht mit flattrigen Zetteln umher, sondern du hast mit schon gestalteten Karteikarten auch einen optischen Pluspunkt!

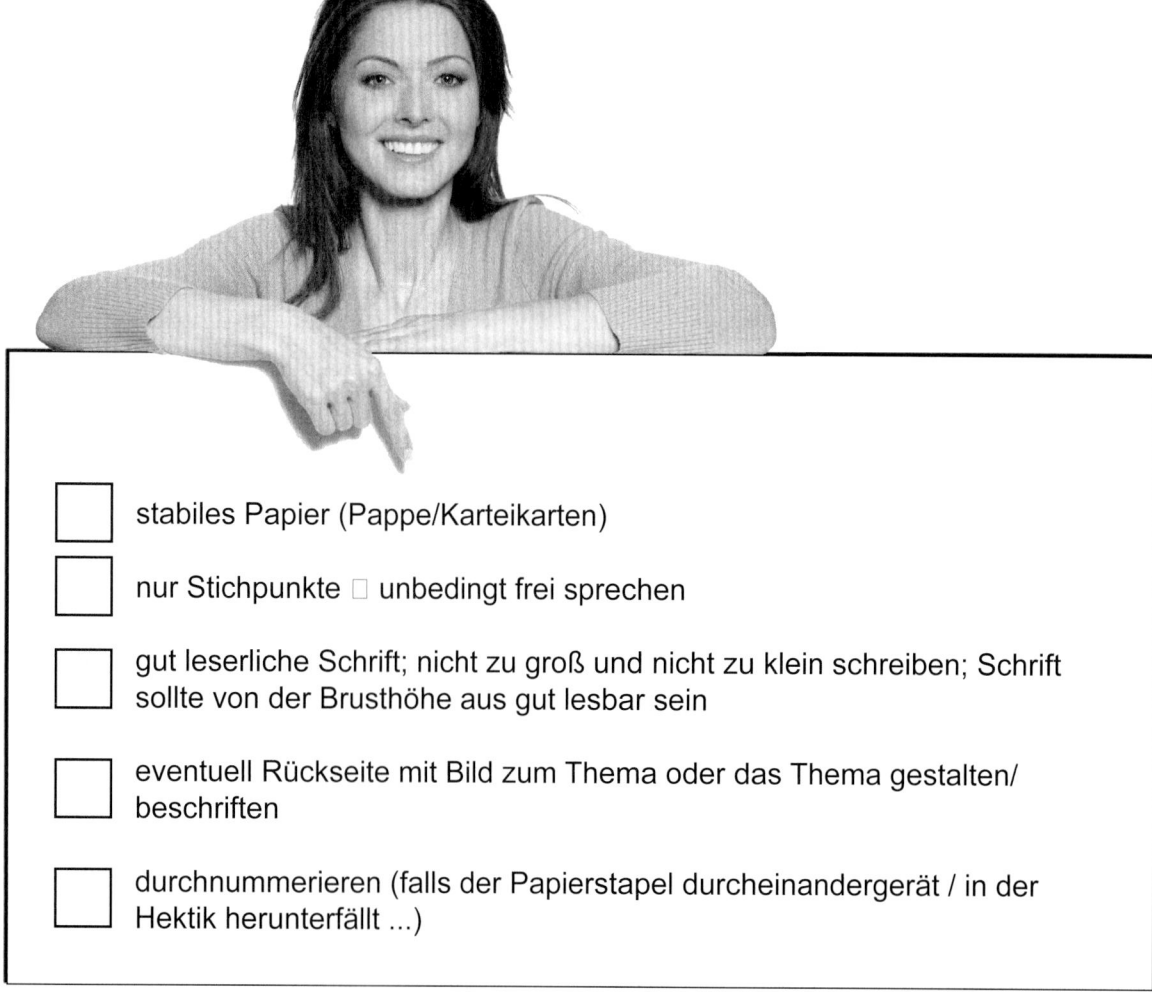

- [ ] stabiles Papier (Pappe/Karteikarten)

- [ ] nur Stichpunkte ☐ unbedingt frei sprechen

- [ ] gut leserliche Schrift; nicht zu groß und nicht zu klein schreiben; Schrift sollte von der Brusthöhe aus gut lesbar sein

- [ ] eventuell Rückseite mit Bild zum Thema oder das Thema gestalten/ beschriften

- [ ] durchnummerieren (falls der Papierstapel durcheinandergerät / in der Hektik herunterfällt ...)

Das Referat
Praxis Deutsch Sekundarstufe   ·   Bestell-Nr. 10 904

KOHL VERLAG
www.kohlverlag.de

4 Umsetzung – Medien

Die Gestaltung eines Plakates als Unterstützung eines Referates ist eine von vielen Möglichkeiten. Weitere Medien und dazugehörige Materialien sind zum Beispiel:

- ➪ Tageslichtprojektor / Folien / Folienstifte
- ➪ Flipchart / Flippapiere / Edding-Stifte
- ➪ Stellwand / Pinnnadeln
- ➪ Pinboard / Pinnnadeln
- ➪ Tafel / Kreide
- ➪ PC / Beamer

Diese Medien mit ihren Stärken und möglichen Schwächen mit Hinweisen auf ihre Einsatzmöglichkeiten werden in diesem Kapitel ausführlich dargestellt. Bedenken Sie im Vorfeld die Anzahl und die Einsatzmöglichkeiten der genannten Medien und der Präsentationsmaterialien.

Der beigefügte Bewertungsbogen für eine Powerpoint-Präsentation wird bei Bedarf eingesetzt.

Tipp:

Aufgabe 3 (Seite 35) kann auch ganz zum Beginn des Themas Medien eingesetzt werden. Damit lässt sich hervorragend austesten, was schon an Vorwissen vorhanden ist, oder es verdeutlicht den Schülern den Einsatz der Medien im Referat!

KOHL VERLAG
Das Referat
www.kohlverlag.de · Praxis Deutsch Sekundarstufe · Bestell-Nr. 10 904

Bewertungsbogen für eine Powerpoint-Präsentation

Name: _____

Bewertungsgrundlagen: Thema: _____

Punktzahl	volle Punktzahl	erhalten	Bem.
Äußere Form	**25**		
hoher Kontrast zwischen Hintergrund- und Schriftfarbe			
möglichst nur eine Schriftart			
Stichpunkte statt ganze Sätze			
Abbildungen / Text nicht zu klein			
...			
Struktur	**20**		
„Roter Faden" erkennbar (z.B. Überblick über die Präsentation am Anfang – Was erwartet der Zuhörer?)			
Informationsgehalt	**25**		
...			
...			
...			
...			
...			
...			
Abgabetermin eingehalten	**5**		
Mitarbeit	**10**		
... hat sich an der Informationsbeschaffung beteiligt			
... hat gut mit den anderen Gruppenmitgliedern zusammengearbeitet			
Vortragsverhalten	**15**		
ohne zusätzliche Zettel, das heißt, frei vorgetragen			
laute, deutliche Sprache			
Blickkontakt			
aufrechte Körperhaltung			
gute Aufteilung unter den Gruppenmitgliedern			
...			

KOHL VERLAG www.kohlverlag.de Das Referat Praxis Deutsch Sekundarstufe - Bestell-Nr. 10 904

Medien im Überblick

Hey, Laura, schau mal, mein Einstieg ist fertig!
Jetzt muss ich nur noch mein Plakat machen.
Kannst du mir dabei helfen?

Gern, aber willst du unbedingt ein
Plakat machen? Das machen doch alle. Vielleicht
passt bei dir ja was anderes viel besser?

Wie? Was anderes? Was gibt's denn noch?

Na, zum Beispiel könntest du einen
kurzen Film zeigen, du hast es doch auch im Fernsehen
gesehen. Oder du machst eine Power-Point-Präsentation,
da kannst du gleich Bilder und Videos mit
reinpacken, oder … .

Wie du siehst, gibt es auch hier wieder zahlreiche Möglichkeiten! Die Medien sollten aber unbedingt zu deinem Thema passen.

Eine kleine Auswahl für den Medieneinsatz findest du in der Liste auf der nächsten Seite.

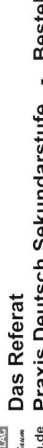
KOHL VERLAG
Das Referat
www.kohlverlag.de   Praxis Deutsch Sekundarstufe   -   Bestell-Nr. 10 904

Medien im Überblick

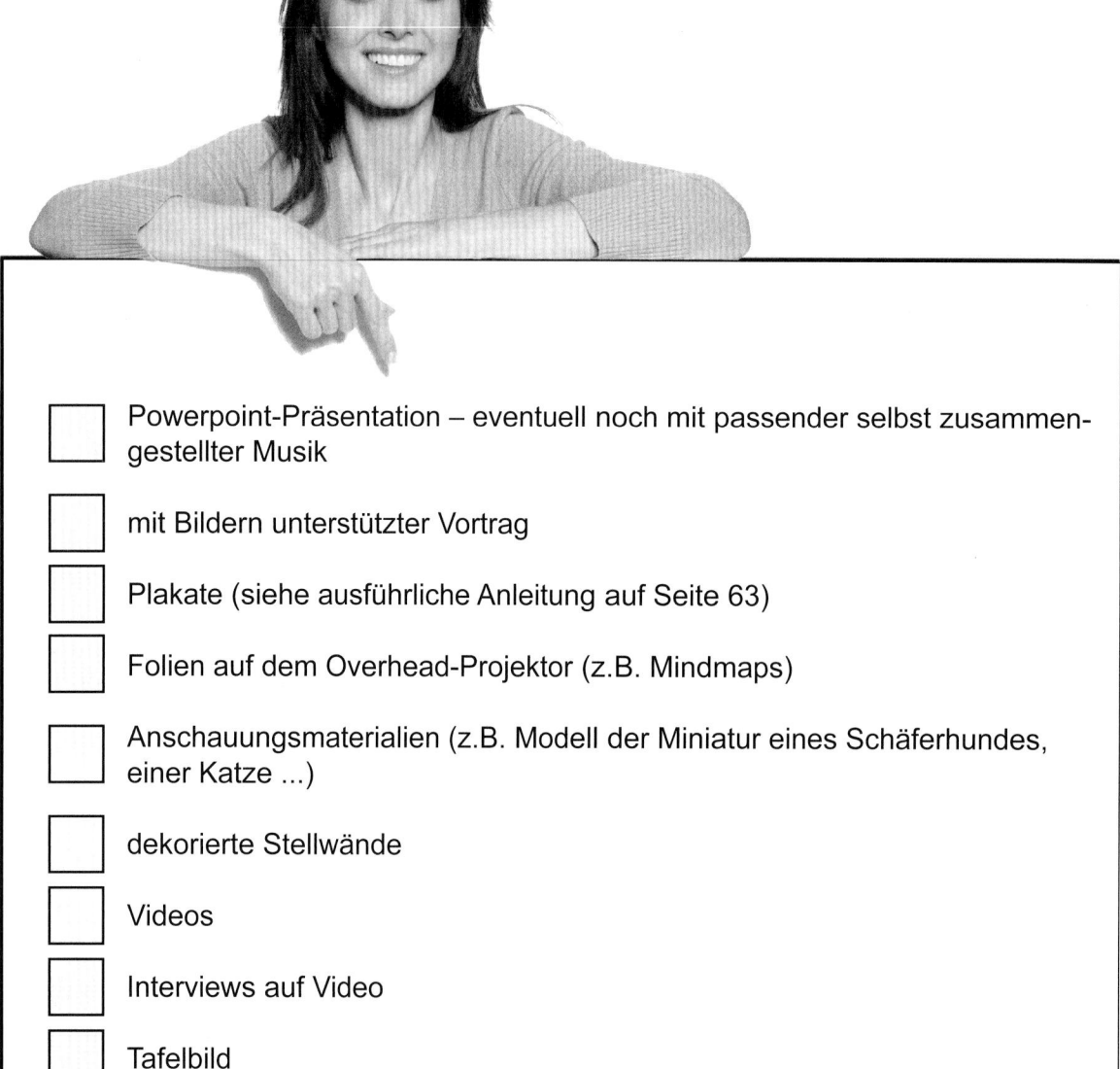

☐ Powerpoint-Präsentation – eventuell noch mit passender selbst zusammengestellter Musik

☐ mit Bildern unterstützter Vortrag

☐ Plakate (siehe ausführliche Anleitung auf Seite 63)

☐ Folien auf dem Overhead-Projektor (z.B. Mindmaps)

☐ Anschauungsmaterialien (z.B. Modell der Miniatur eines Schäferhundes, einer Katze ...)

☐ dekorierte Stellwände

☐ Videos

☐ Interviews auf Video

☐ Tafelbild

☐ Stichwortkarten zum Anpinnen oder zum Aufhängen auf eine Wäscheleine

☐ schrittweises Aufdecken von Stichpunkten

Tipps für einen Medieneinsatz

Vielfältige Medien bieten unterschiedliche Möglichkeiten für die Begleitung eines Referates. Sie haben je nachdem, was du willst, Vorteile – aber auch den einen oder anderen Nachteil.

Das Referat
Praxis Deutsch Sekundarstufe - Bestell-Nr. 10 904

KOHL VERLAG
Der Verlag mit dem Baum
www.kohlverlag.de

Die folgenden Listen sollen dir bei der Umsetzung mit verschiedenen Medien helfen.

Suche die entsprechende Liste (z.B. Folie) raus und gehe sie Punkt für Punkt durch, um sicherzugehen, dass du nichts vergessen hast, kannst du die Punkte, die du erledigt hast, abhaken.

➜ Tageslichtprojektor / Folien

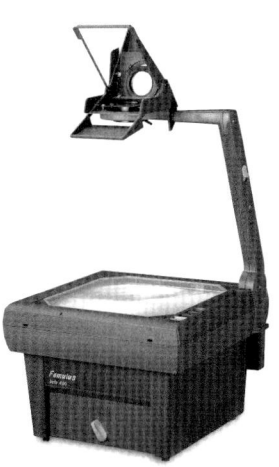

Stärken

- Aufeinanderlegen von Folien ist möglich (Overlay-Technik)
- halbfertige Folien können beim Vortrag von Hand ergänzt werden
- leicht kopierbar (z.B. für Teilnehmerunterlagen)
- können als Manuskriptersatz dienen
- so wenig Folien wie möglich und so viele wie nötig
- durch Auflegen eines Stiftes auf die Folie werden Zuhörer geführt
- Stichworte und allgemeine Aussagen genügen
- Bilder, Symbole und verschiedene Farben unterstützen den Vortrag

Schwächen

- wasserlösliche Stifte verschmieren leicht, permanente sind nicht zu verändern
- Probleme bei technischen Schäden oder Stromausfall: Verunsicherung des Referenten

So gestalte ich eine Folie

☐ Die Folie sollte für alle gut sichtbar sein.

☐ Du solltest einen Rand freilassen.

☐ Die Schriftgröße sollte mindestens 14 sein (wenn möglich, auch mehr), als Schriftart verwendest du am besten den Schrifttyp „Arial"

☐ Überschrift und Text sollten sich voneinander abgrenzen (durch Fettdruck oder anderen Schriftgrad, Zeilenabstand)

☐ Nur eine Schriftart wählen.

☐ Design nach Beliebigkeit.

☐ TIPP: Weniger ist oft mehr!

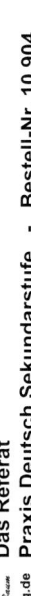 Das Referat · Praxis Deutsch Sekundarstufe · Bestell-Nr. 10 904

KOHL VERLAG
www.kohlverlag.de

→ Flipchart / Plakat

Stärken

- ruhige Vorbereitung auf dem Papier vor der Präsentation
- Inhalte können aufbewahrt werden
- Vor- und Zurückblättern ist möglich
- Teilnehmeraussagen können mitgeschrieben werden
- „Fragenspeicher" zum „Parken" momentan nicht passender Fragen
- Ablaufübersichten und Kernaussagen werden festgehalten
- Bilder, Symbole und verschiedene Farben unterstützen den Vortrag

Anschaulichkeit – So gestalte ich ein Plakat!

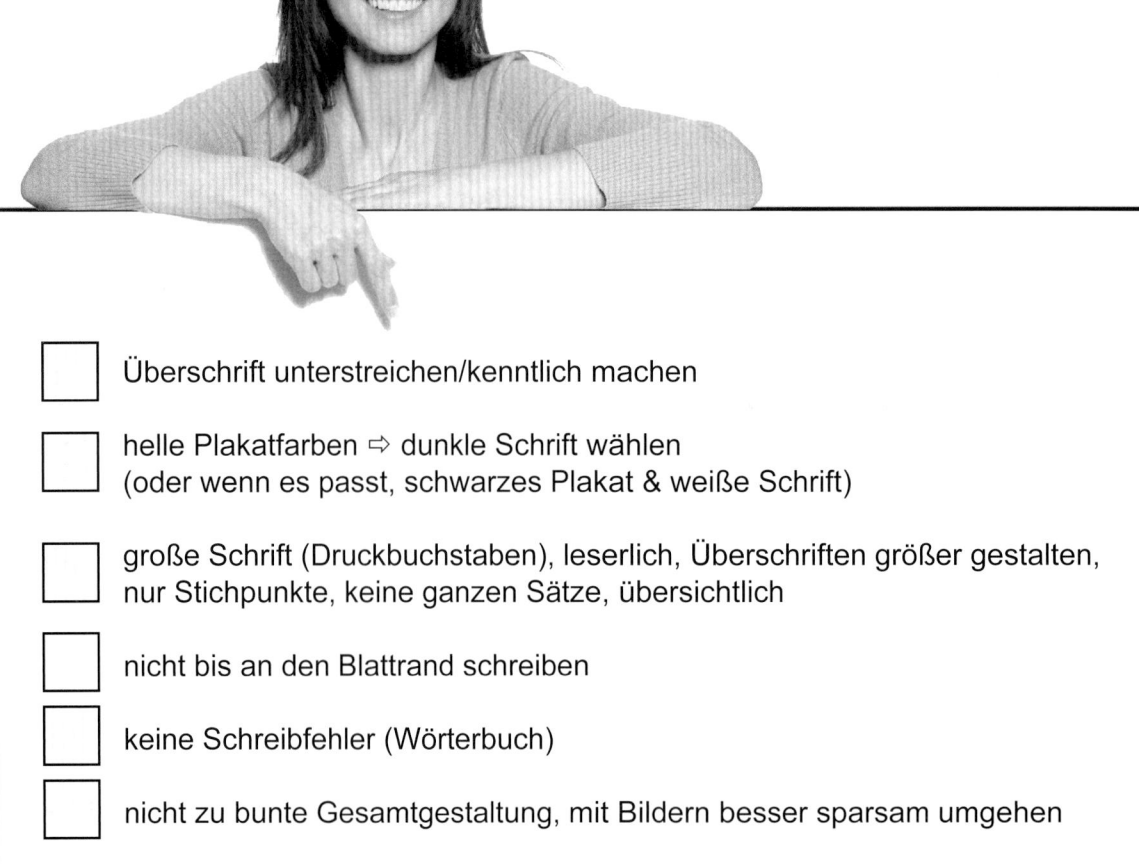

☐ Überschrift unterstreichen/kenntlich machen

☐ helle Plakatfarben ⇨ dunkle Schrift wählen
(oder wenn es passt, schwarzes Plakat & weiße Schrift)

☐ große Schrift (Druckbuchstaben), leserlich, Überschriften größer gestalten,
nur Stichpunkte, keine ganzen Sätze, übersichtlich

☐ nicht bis an den Blattrand schreiben

☐ keine Schreibfehler (Wörterbuch)

☐ nicht zu bunte Gesamtgestaltung, mit Bildern besser sparsam umgehen

KOHL VERLAG
www.kohlverlag.de
Das Referat
Praxis Deutsch Sekundarstufe - Bestell-Nr. 10 904

→ Stellwand / Pinboard

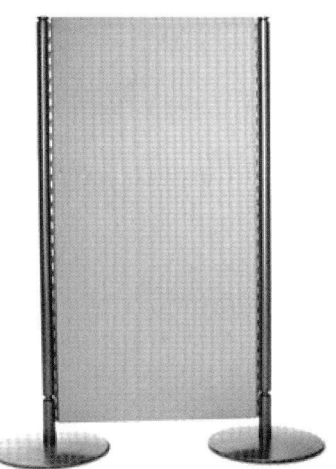

Stärken

- Stellwand leicht verstellbar im Raum
- Karten, Plakate, Bilder usw. können mit Nadeln schrittweise angebracht werden
- wachsende Strukturen sind möglich
- Inhalte sind veränderbar durch Umhängen, Austauschen und Ergänzen

Tipps

- graphische Elemente einbauen
- Farben erleichtern die Orientierung: gleiche Farbe – gleicher Sinn
- möglichst groß schreiben
- Stell dich neben Stellwand oder Pinboard: Das Publikum braucht freie Sicht.

→ Tafel

Es gibt unterschiedliche Tafeln:

- normale Tafel (Kreide, Schwamm), eventuell magnetisch
- Whiteboard (entsprechende Stifte, Lappen)
- Magnettafel (Magnete)

Hinweis: Die Tafel während des Referates nur im Ausnahmefall mit Kreide beschreiben, da dem Publikum dabei der Rücken zugedreht wird!

Stärken

- große Fläche
- leichte Handhabung
- ist in jeder Schule vorhanden
- Klapptafel bietet optische Gliederung
- vorbereitete Elemente (Papierstreifen, Schlagwörter, Überschriften, Symbole ...) werden entwickelnd eingesetzt

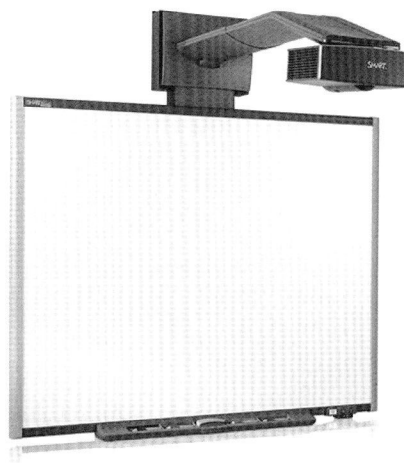

Schwächen

- kein Blickkontakt zum Publikum beim Beschreiben

KOHL VERLAG
Das Referat
Praxis Deutsch Sekundarstufe - Bestell-Nr. 10 904
www.kohlverlag.de

→ **PC / Beamer**

<u>Stärken</u>

- professionelles/durchgängiges Layout z.B. bei Powerpoint
- Töne, Musik und Videosequenzen können eingebunden werden
- Farben, Animationen und Effekte beleben – aber:
  Bitte sparsamer Umgang, PC soll die Präsentation unterstützen und die Zuhörer nicht ablenken oder verwirren

<u>Schwächen</u>

- die Technik muss beherrscht werden
- Probleme bei technischem Schaden oder Stromausfall: Verunsicherung des Referenten

<u>So gestalte ich mit Powerpoint</u>

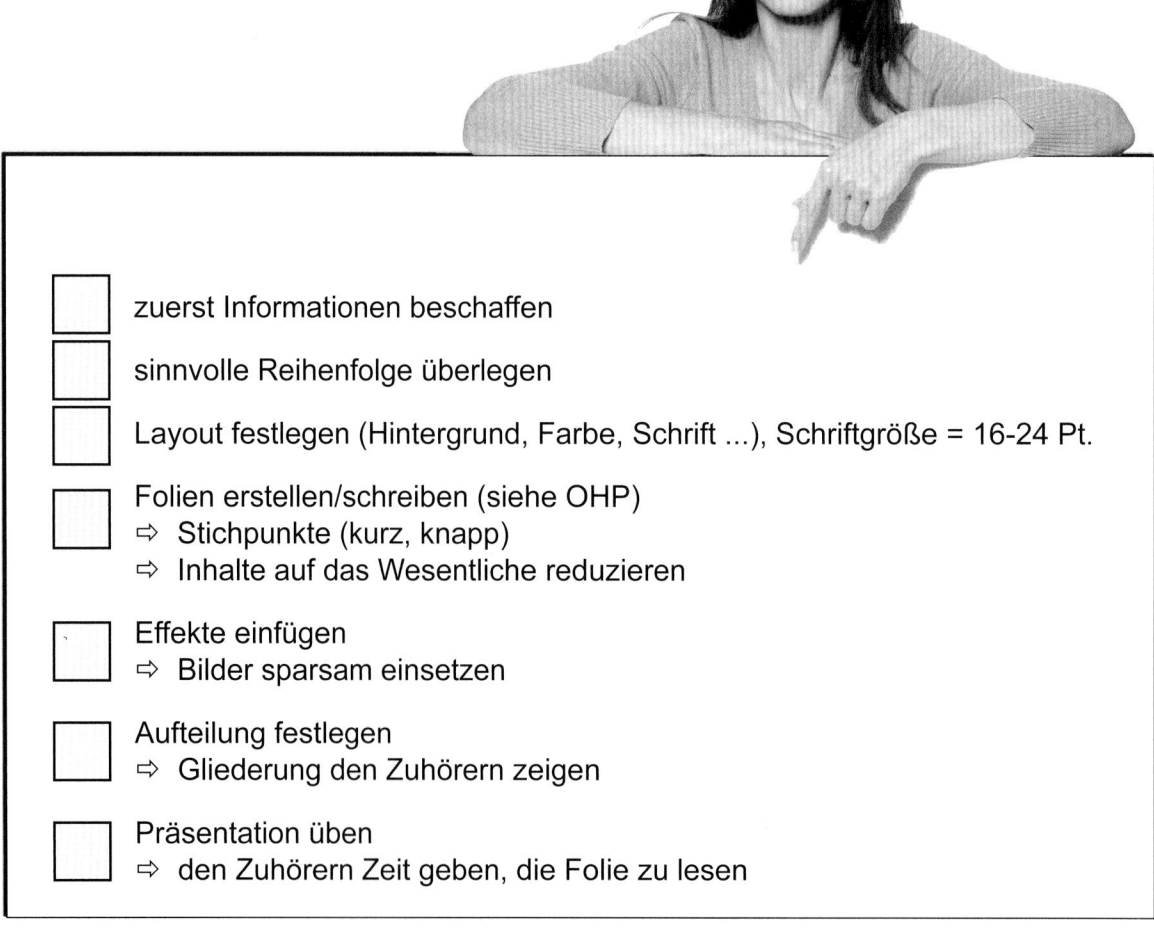

☐ zuerst Informationen beschaffen

☐ sinnvolle Reihenfolge überlegen

☐ Layout festlegen (Hintergrund, Farbe, Schrift ...), Schriftgröße = 16-24 Pt.

☐ Folien erstellen/schreiben (siehe OHP)
  ⇨ Stichpunkte (kurz, knapp)
  ⇨ Inhalte auf das Wesentliche reduzieren

☐ Effekte einfügen
  ⇨ Bilder sparsam einsetzen

☐ Aufteilung festlegen
  ⇨ Gliederung den Zuhörern zeigen

☐ Präsentation üben
  ⇨ den Zuhörern Zeit geben, die Folie zu lesen

KOHL VERLAG
Das Referat
www.kohlverlag.de   Praxis Deutsch Sekundarstufe - Bestell-Nr. 10 904

Einsatz von Filmen

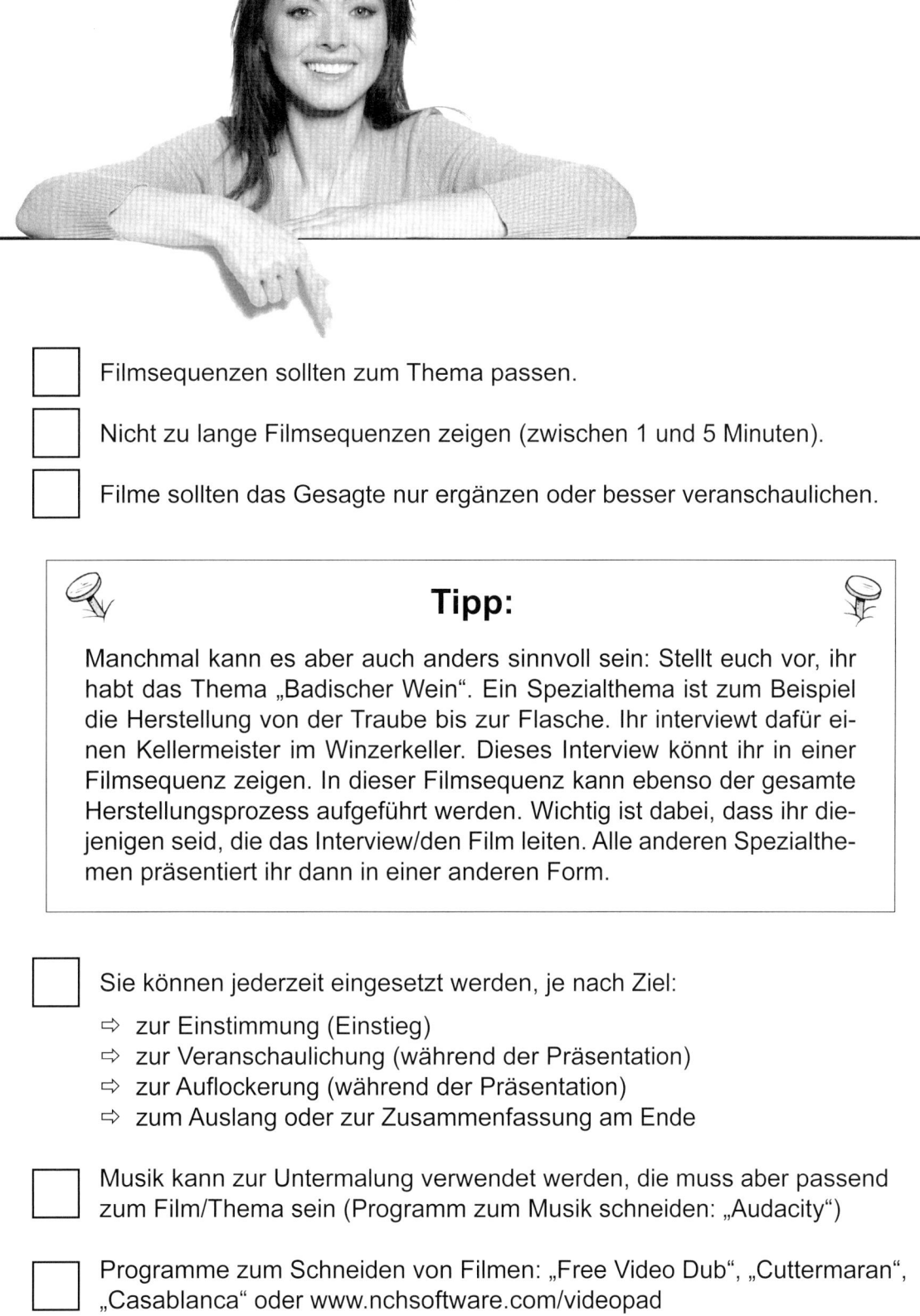

☐ Filmsequenzen sollten zum Thema passen.

☐ Nicht zu lange Filmsequenzen zeigen (zwischen 1 und 5 Minuten).

☐ Filme sollten das Gesagte nur ergänzen oder besser veranschaulichen.

Tipp:

Manchmal kann es aber auch anders sinnvoll sein: Stellt euch vor, ihr habt das Thema „Badischer Wein". Ein Spezialthema ist zum Beispiel die Herstellung von der Traube bis zur Flasche. Ihr interviewt dafür einen Kellermeister im Winzerkeller. Dieses Interview könnt ihr in einer Filmsequenz zeigen. In dieser Filmsequenz kann ebenso der gesamte Herstellungsprozess aufgeführt werden. Wichtig ist dabei, dass ihr diejenigen seid, die das Interview/den Film leiten. Alle anderen Spezialthemen präsentiert ihr dann in einer anderen Form.

☐ Sie können jederzeit eingesetzt werden, je nach Ziel:
  ⇨ zur Einstimmung (Einstieg)
  ⇨ zur Veranschaulichung (während der Präsentation)
  ⇨ zur Auflockerung (während der Präsentation)
  ⇨ zum Auslang oder zur Zusammenfassung am Ende

☐ Musik kann zur Untermalung verwendet werden, die muss aber passend zum Film/Thema sein (Programm zum Musik schneiden: „Audacity")

☐ Programme zum Schneiden von Filmen: „Free Video Dub", „Cuttermaran", „Casablanca" oder www.nchsoftware.com/videopad

Das Referat
Praxis Deutsch Sekundarstufe - Bestell-Nr. 10 904
KOHL VERLAG
www.kohlverlag.de

Aufgabe 1: *Wähle aus den 3 Themenfeldern (Waveboard, Rauchen, Modedesigner) ein Spezialthema aus.*

a) Welche der Medien findest du interessant und könnten zur Unterstützung deines Spezialthemas eingesetzt werden? Begründe jeweils deine Entscheidung.

_____

_____

_____

b) Mache Notizen, wie du sie einsetzen und gestalten möchtest.

_____

_____

_____

_____

c) Stelle deine Medienwahl in der Gruppe vor.

d) Sammle Rückmeldungen aus der Gruppe zu deinen Ideen.

Tipp:

Ein Medium verwenden oder aus mehreren Medien einen Medien-Mix gestalten!

Raumgestaltung

Der Raum, in dem du das Referat hältst, sollte sauber und aufgeräumt sein. Gestapelte Tische und Stühle in der Ecke oder an den Wänden machen sich wirklich nicht gut. Das gilt auch für eine beschriebene oder unsauber geputzte Tafel! Frische Blumen auf dem Pult und – bei einer Prüfung – Gläser und Wasser für die Prüfer auf dem bereitgestellten Tisch sorgen für eine motivierende Atmosphäre.

Aufgabe 2: *Wie wirst du den Raum für dein Referat vorbereiten? Schreibe auf die Blattrückseite.*

KOHL VERLAG
Das Referat
Praxis Deutsch Sekundarstufe – Bestell-Nr. 10 904
www.kohlverlag.de

Aufgabe 3: *Kreuze an, was für die Präsentation eines Referates richtig ist und zutrifft.*

Richtig

| X |

a) ☐ Stühle und Tische, die nicht gebraucht werden, verteile ich gestapelt im Raum.

b) ☐ Flipchart-Papiere kann ich in Ruhe daheim vorbereiten und einsetzen.

c) ☐ Für freie Sicht des Publikums stehe ich immer neben Tafel und Pinwald.

d) ☐ Farben erleichtern die Orientierung: Gleiche Farben – gleicher Sinn.

e) ☐ Ich schreibe eine Menge Text klein auf Papiere und hänge sie aus.

f) ☐ Vorbereitete Überschriften und Schlagwörter hänge ich aus, wenn ich sie erwähne.

g) ☐ In eine Powerpoint-Präsentation füge ich viele und bunte Animationen ein.

h) ☐ Auf einem Tageslichtprojektor kann ich Folien, die sich ergänzen, aufeinanderlegen.

i) ☐ Ein sauberer und aufgeräumter Raum sorgt für eine angenehme Atmosphäre.

j) ☐ Ich drehe dem Publikum beim Vortragen den Rücken zu.

k) ☐ Auf ein Whiteboard schreibe ich mit Whiteboardstiften.

l) ☐ Karten, Plakate, Bilder können schrittweise mit Nadeln angepint werden.

m) ☐ Beim Einsatz von Beamer und PC muss ich die Technik sicher beherrschen.

n) ☐ Die Medien sind lediglich eine Unterstützung des Referates.

o) ☐ Flipchart-Papiere kann ich nicht blättern.

KOHL VERLAG
Das Referat
www.kohlverlag.de Praxis Deutsch Sekundarstufe - Bestell-Nr. 10 904

EA

Aufgabe 4: *Was musst du für dich und dein Referat beachten?*
Erstelle einen Erste-Hilfe-Plan und ergänze die vier Bereiche.

Person:

Medien:

Raum:

Sonstiges:

KOHL VERLAG
Der Verlag mit dem Baum
www.kohlverlag.de
Das Referat
Praxis Deutsch Sekundarstufe – Bestell-Nr. 10 904

5 Wie präsentiere ich mich?

Übungen und Informationen zur Präsentation der eigenen Person sind nicht nur in diesem Zusammenhang wichtig und wesentlich. Mit dem Blick nach vorne auf Bewerbungen und Vorstellungsgespräche bekommt dieses Kapitel einen noch höheren Stellenwert.

Die praktischen Übungen zu Blickkontakt, Gestik und Körperhaltung im Klassenverband und in Gruppen sind ein Muss in der Vorbereitung. Die Tipps zum Sprachgebrauch, zum Einsatz der Mimik und zum Output sind ebenfalls unerlässlich zur Stärkung der Schülerpersönlichkeit. Der Tucholsky-Text „Ratschläge für einen schlechten Redner" ist der Ausgang für die Reflexion und Übertragung auf die eigene Person.

 Tipp:

Aufgabe 1 (Seite 42) kann auch zu Beginn als kleiner Einstieg in die Einheit eingesetzt werden.

5 Wie präsentiere ich mich?

Praktische Übungen zur Körpersprache

Die folgenden Übungen sollen dir helfen, die Präsentation des Referates mit einer gut eingesetzten Körpersprache zu unterstützen.

➔ **Blickkontakt**

Der Blick ist die wichtigste Möglichkeit, ohne körperliche Berührung Kontakt zu anderen Menschen aufzunehmen. Regelmäßiger Blickkontakt zwischen der Person, die präsentiert, und denjenigen, die zuhören, schafft eine persönliche Verbindung.

 Übung 1

Die Klasse wird in zwei Gruppen aufgeteilt. Eine Gruppe kennzeichnet sich z.B. durch Aufsetzen einer Mütze, Hochschieben der Ärmel oder ähnliches. Beide Gruppen laufen im Raum umher. Die Mützengruppe nimmt Augenkontakt zu den anderen auf. Diese schauen jedoch weg, wenn sie das bemerken. Dabei wird nicht geredet. Dann erfolgt ein Wechsel; dieses Mal schaut die Mützengruppe weg, wenn Augenkontakt gesucht wird.

Im Anschluss an die Übung wird die Klasse befragt, wie sie sich in den unterschiedlichen Rollen gefühlt hat.

 Übung 2
PA

Paarweise schaut sich die Klasse so lange wie möglich in die Augen, dabei unterhalten sich die Partner miteinander. Anschließend erfolgt der Austausch: Wie habt ihr euch dabei gefühlt?

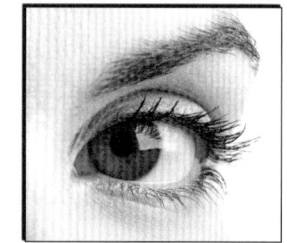

 Übung 3

Die Klasse bildet Vierer- oder Fünfergruppen. Die Gruppenteilnehmer üben, visuellen Kontakt zu mehreren Zuhörern zu halten. Dabei erzählt ein Mitglied der Gruppe etwas und versucht mit dem Blick alle anderen zu fesseln. Einer der Gruppe spielt den Uninteressierten und Gelangweilten, während der Erzähler versucht, ihn einzubinden. Es wird auf ein Lehrerzeichen hin gewechselt, sodass jeder einmal an die Reihe kommt.

Gebt in der ganzen Klasse Rückmeldung zu der Übung. Reflektiert auch über eure Empfindungen.

KOHL VERLAG
Der Verlag mit dem Baum
www.kohlverlag.de
Das Referat
Praxis Deutsch Sekundarstufe · Bestell-Nr. 10 904

5 Wie präsentiere ich mich?

→ Gestik

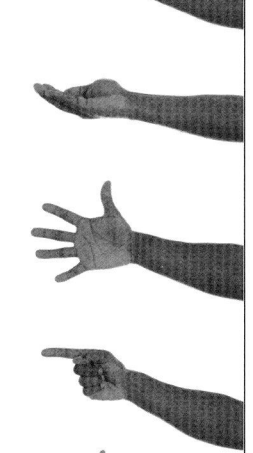

Als Gestik bezeichnen wir die Bewegung der Hände und Arme beim Sprechen. Die Gestik wird auch durch die Mimik oder die Bewegung des Kopfes usw. unterstützt. Besonders bei noch ungeübten Rednern stellt sich häufig die Frage: Wohin mit den Händen? In den Hosentaschen haben sie natürlich nichts verloren. Die Hände befinden sich ...

- ... locker platziert auf Höhe der Gürtellinie und sind jederzeit zur Gestik bereit.

- ... über dieser Ebene, hier versucht der Vortragende mit Hilfe der Gestik seine Aussagen zu unterstreichen. Erhobene Hände und Aufwärts-Bewegungen unterstreichen einen positiven Ausdruck, fördern optimistische Erwartungen oder wirken aufmunternd. Wichtig ist, dass deine Hände genau das zeigen bzw. mitmalen, was deine Worte ausdrücken.

 Übung 4

Überlegt und zeigt euch in kleinen Gruppen, welche Gestik die nachfolgenden Aussagen deutlich machen. In welcher Art und Weise könnt ihr die Sätze betonen?

Auf meiner Sonnenbrille waren <u>winzig kleine</u> Fliegen.

Auf der <u>weiten</u> Bühne standen <u>kleine</u> Zwerge.

Ich muss mir <u>dringend</u> das neue I-Phone kaufen.

Dies ist für mich die <u>einzige</u> Möglichkeit.

Ich habe da meine <u>Zweifel</u>.

Das ist <u>allein deine</u> Schuld!

Ich bin für <u>alle</u> Vorschläge dankbar.

Das ist <u>so cool</u>.

Seht euch <u>dieses große</u> Bild an!

Wir brauchen <u>erstens</u> Ideen, <u>zweitens</u> Ideen und <u>drittens</u> noch mehr Ideen!

Das geht allein <u>mich</u> was an.

Dein Outfit ist einfach nur <u>langweilig und out</u>.

Das kommt <u>überhaupt</u> nicht in Frage!

Ich bin mir <u>keiner</u> Schuld bewusst.

<u>Ihr alle</u> seid am Samstag zu meiner Party herzlich eingeladen.

<u>Du</u> hast einfach <u>keine</u> Ahnung.

Das Referat
Praxis Deutsch Sekundarstufe - Bestell-Nr. 10 904
KOHL VERLAG
www.kohlverlag.de

→ **Körperhaltung**

Eine gute und ansprechend wirkende Haltung spricht für Sicherheit, Konzentration und selbstbewusstes Auftreten. Sie ist daher maßgeblicher Bestandteil einer erfolgreichen Präsentation.

Der Lehrer/die Lehrerin oder eine selbstbewusste Person der Klasse liest die Texte der 3 Übungen vor und macht gleichzeitig mit.

EA **Übung 5**

Stehe breitbeinig. Lass den Oberkörper vornüber sinken und wippe dabei mit. Bleibe solange mit dem Kopf nach unten, wie es dir angenehm ist. Achte darauf, dass die Atmung fließt. Richte dich anschließend langsam Wirbel für Wirbel auf. Die Atmung fließt weiter, der Kopf hängt und wird erst ganz zum Schluss aufgerichtet. Nun stehe ganz natürlich und ohne Übertreibung gerade aufgerichtet.

EA **Übung 6**

Stelle deine Beine hüftbreit auseinander. Schwinge nun ruhig mit dem Körper vor und zurück, dann seitlich und zuletzt im Kreis (im und gegen den Uhrzeigersinn). Spüre der Gewichtsverlagerung nach, um einen sicheren Stand zu finden. Ändere dann bewusst die Standbreite deiner Füße und vergleiche, wie der Abstand der Füße zueinander die Gewichtsverlagerung beeinflusst und wie die Stellung der Füße den gesamten Körperausdruck verändert. Übe nach dem festen Stand auch die ungleichmäßige Gewichtsverteilung auf Standbein und Spielbein. Stelle ein Bein vor das andere und übe Variationen, indem du deinen Oberkörper nach vorne oder nach hinten neigst.

EA **Übung 7**

Jeder versucht für sich, den Satz „Präsentieren ist ganz einfach!" mehrmals mit gleichem Ausdruck der Stimme, aber in verschiedenen Körperhaltungen zu sprechen:

- stolz aufgerichtet
- zusammengesunken
- auf einem Bein
- kauernd
- ...

Ist es leicht, den gewählten Ausdruck in einer nicht passenden Körperhaltung beizubehalten?

Das Referat
Praxis Deutsch Sekundarstufe - Bestell-Nr. 10 904
www.kohlverlag.de
KOHL VERLAG

5   Wie präsentiere ich mich?

→   Sprache, Stimme, Artikulation

- Sprich verständlich, deutlich und nicht zu schnell.
- Vermeide Umgangssprache.
- Sprich normal, wie du es gewöhnt bist.
- Lege Sprechpausen ein.
- Sprich frei und wähle Karteikarten als „Spickzettel-Methode".
- Lies nicht über einen längeren Zeitraum ab.
- Bleibe bei der Sache.
- Achte auf deine Körpersprache, sie unterstützt deine Stimme.

→   Mimik

Sei heiter, lächle immer wieder mal und zeige ein offenes Gesicht. Die Zuhörer sollen spüren, dass du stolz darauf bist, vorne zu stehen, um dein Referat zu halten. Denke auch an den Augenkontakt mit deinem Publikum!

→   Outfit

Ein Cola-Fleck auf einem hellen Shirt oder auf einer weißen Bluse, High-Heels, auf denen du kaum stehen kannst oder eine dicke Jacke im Sommer: Das passt nicht zu einer Präsentation und lenkt von dem ab, was du sagen möchtest. Ein Automechaniker trägt keinen Anzug, wenn er einen Wagen repariert, eine Ärztin spaziert nicht mit Minirock in den Operationssaal. Achte einfach auf passende und saubere Kleidung und auf Schuhe, in denen du dich wohlfühlst. Du brauchst dich nicht zu verkleiden und zu verbiegen. Aber sei dir bewusst, was wie auf die anderen wirkt.

→   Nervosität

Nervosität und Lampenfieber vor einer Präsentation ist auch bei einer guten Vorbereitung und Planung völlig normal. Einige Tipps, die die Nervosität ein wenig eindämmen, könnten diese sein:

- Nimm Blickkontakt zu einer Person auf, die du magst und die dich versteht.
- Atme ruhig.
- Stell dir ein Glas Wasser ohne Kohlensäure bereit (Mineralwasser stößt auf).
- Denke an etwas Schönes und versuche dich zu entspannen.
- Nimm einen Glücksbringer mit.
- Sage zu dir selbst: Ich kann das! Ich bin gut vorbereitet!
- Iss in der Pause ein wenig – bei Hunger fällt die Konzentration schwerer.

Das Referat
Praxis Deutsch Sekundarstufe   -   Bestell-Nr. 10 904

KOHL VERLAG
Der Verlag mit dem Baum
www.kohlverlag.de

5 Wie präsentiere ich mich?

EA

Aufgabe 1: *Kreuze an, was für dich persönlich bei deiner Präsentation wichtig ist und zutrifft.*

ist wichtig/
trifft zu

X

a) ☐ Blickkontakt mit den Zuhörern ist völlig unwichtig.

b) ☐ Du sagst zu dir: Ich kann das! Ich schaffe das! Ich bin gut vorbereitet!

c) ☐ Eine gute Körperhaltung spricht für Sicherheit und Selbstvertrauen.

d) ☐ Die Hände befinden sich locker platziert auf Höhe der Gürtellinie.

e) ☐ Ich benutze möglichst oft die Umgangssprache.

f) ☐ Ich achte auf saubere und passende Kleidung und Schuhe, die bequem sind.

g) ☐ Ich spreche möglichst frei und lese nicht länger von der Karte ab.

h) ☐ Meine Hände zeigen und malen das, was meine Worte sagen.

i) ☐ Ich vermeide es, zu lächeln.

j) ☐ Ich spreche deutlich, nicht zu schnell und mache Sprechpausen.

k) ☐ Notizen auf Karten sind eine geeignete Spickzettel-Methode.

l) ☐ Ich trinke während des Referates immer wieder Wasser mit viel Kohlensäure.

m) ☐ Es ist egal, wie ich auf andere Personen beim Vortrag wirke.

n) ☐ Die Zuhörer sollen spüren, dass ich stolz auf mein Referat bin.

o) ☐ Blickkontakt zwischen mir und dem Publikum schafft eine persönliche Verbindung.

KOHL VERLAG
Der Verlag mit dem Baum
www.kohlverlag.de

Das Referat
Praxis Deutsch Sekundarstufe - Bestell-Nr. 10 904

5 Wie präsentiere ich mich?

Der in Berlin geborene Schriftsteller und Sprachkritiker Kurt Tucholsky (1890-1935) hat 1930 den Aufsatz „Ratschläge für einen schlechten Redner" geschrieben.

Aufgabe 2: *Lies die Auszüge aus dem Text.*

EA

„Ratschläge für einen schlechten Redner"

1   Fang nie mit dem Anfang an, sondern immer drei Meilen vor dem Anfang! Etwa so: „Meine Damen und meine Herren! Bevor ich zum Thema des heutigen Abends komme, lassen Sie mich kurz ... ." Hier hast du schon alles, was einen schönen Anfang ausmacht: eine steife Anrede; der Anfang vor dem Anfang; die Ankün-
5   digung, dass und was du zu sprechen beabsichtigst, und das Wörtchen *kurz*. So gewinnst du im Nu die Herzen und die Ohren der Zuhörer. Denn das hat der Zuhörer gern: Dass er deine Rede wie ein schweres Schulpensum aufbekommt; dass du mit dem drohst, was du sagen wirst, sagst und schon gesagt hast. Immer schön umständlich!
10 Sprich nicht frei, das macht einen so unruhigen Eindruck. Am besten ist es: Du liest deine Rede ab. Das ist sicher, zuverlässig, auch freut es jedermann, wenn der lesende Redner nach dem vierten Satz misstrauisch hochblickt, ob auch noch alle da sind.
    ... Nimm dir doch ein Beispiel an unseren professionellen Rednern, an den Reichs-
15 tagsabgeordneten – hast du die schonmal frei sprechen hören? Die schreiben sich sicherlich zu Hause auf, wann sie „Hört! Hört" rufen ... ja, also wenn du denn frei sprechen musst: Sprich, wie du schreibst. Und ich weiß, wie du schreibst. Sprich mit langen, langen Sätzen – solchen, bei denen du, der du dich zu Hause, wo du ja die Ruhe, deren du so sehr benötigst, deiner Kinder ungeachtet, hast,
20 vorbereitest, genau weißt, wie das Ende ist, die Nebensätze schön ineinander geschachtelt, sodass der Hörer ungeduldig auf seinem Sitz hin und her träumend, sich in einem Kolleg wähnend, in dem er früher so gern geschlummert hat, auf das Ende solcher Periode wartet. Nun, ich habe dir eben ein Bei- spiel gegeben. So musst du sprechen. Fang immer bei den alten
25 Römern an und gib stets, wovon du auch sprichst, die geschicht- lichen Hintergründe der Sache. Das ist nicht nur deutsch, das tun alle Brillenmenschen. Die Leute sind doch nicht in deinen Vortrag gekommen, um lebendiges Reden zu hören, sondern das, was sie auch in den
30 Büchern nachschlagen können ... sehr richtig! Im- mer gib ihm Historie, immer gib ihm. ... Kündige den Schluss an, und dann beginne deine Rede von vorne und rede noch eine halbe Stunde. Dies kann man mehrere Male wiederholen.
35 Sprich nie unter anderthalb Stunden, sonst lohnt es gar nicht erst, anzufangen ... .

Das Referat
Praxis Deutsch Sekundarstufe - Bestell-Nr. 10 904
www.kohlverlag.de
KOHL VERLAG

5 Wie präsentiere ich mich?

EA

Aufgabe 3: **a)** *Markiere im Text „Ratschläge für einen schlechten Redner"*
die Stellen, die deiner Meinung nach einen <u>schlechten</u> *Redner*
kennzeichnen.

b) *Denke an die Übungen und Tipps und formuliere diese Text-*
stellen nun in kurzen Sätzen für dich als <u>guten</u> *Redner.*

Zeile _____ ✏ _____

_____

Zeile _____ _____

_____

Zeile _____ _____

_____

Zeile _____ _____

_____

Zeile _____ _____

_____

Zeile _____ _____

_____

Zeile _____ _____

_____

Zeile _____ _____

_____

KOHL VERLAG
www.kohlverlag.de
Das Referat
Praxis Deutsch Sekundarstufe - Bestell-Nr. 10 904

6 Und nach dem Referat?

Ein Handlungs- und Lernvorgang erfährt erst durch eine kritische Reflexion einen sinnvollen Abschluss. Die formulierten Fragen als Hilfestellung und das Reflexionsbeispiel zu „Dubai" unterstützen Ihre Schüler in diesem Prozess. Je nach Klassenstufe und Leistungsfähigkeit der Klasse ist eine Vorbereitung der schriftlichen Reflexionsaufgabe durch Sie als Lehrperson nötig. Diese unterstützende Vorbereitung könnte bei Bedarf folgendermaßen aussehen:

- Die Fragen auf der Kopiervorlage zum Thema „Dubai" werden vor der Einzelarbeit im Plenum beantwortet als Hilfestellung für leistungsschwächere Schüler.

- Zu den Schlagwörtern aus der Dubai-Reflexion
  - Organisation
  - Medien und Vorgehen
  - Präsentation
  - Verbesserungsvorschläge
  - Persönliche Rückmeldung

  werden individuell auf das Thema „Dubai" bezogen Aussagen formuliert.

KOHL VERLAG
Der Verlag mit dem Baum

Das Referat
www.kohlverlag.de · Praxis Deutsch Sekundarstufe · Bestell-Nr. 10 904

6 Und nach dem Referat?

Nach dem Referat folgt in vielen Fällen eine Reflexion:

- **Die Reflexion beinhaltet eine persönliche und individuelle Auseinandersetzung mit dem Thema.**

- **Erlebnisse** und **Erfahrungen** mit dem Thema und seiner Auseinandersetzung werden überprüft und **bewertet**.

- Die Reflexion erfolgt immer in der **Ich-Form**, denn es ist **dein persönliches Fazit**, das du aus der Präsentation ziehst.

Hilfreiche Fragen für eine gelungene Reflexion

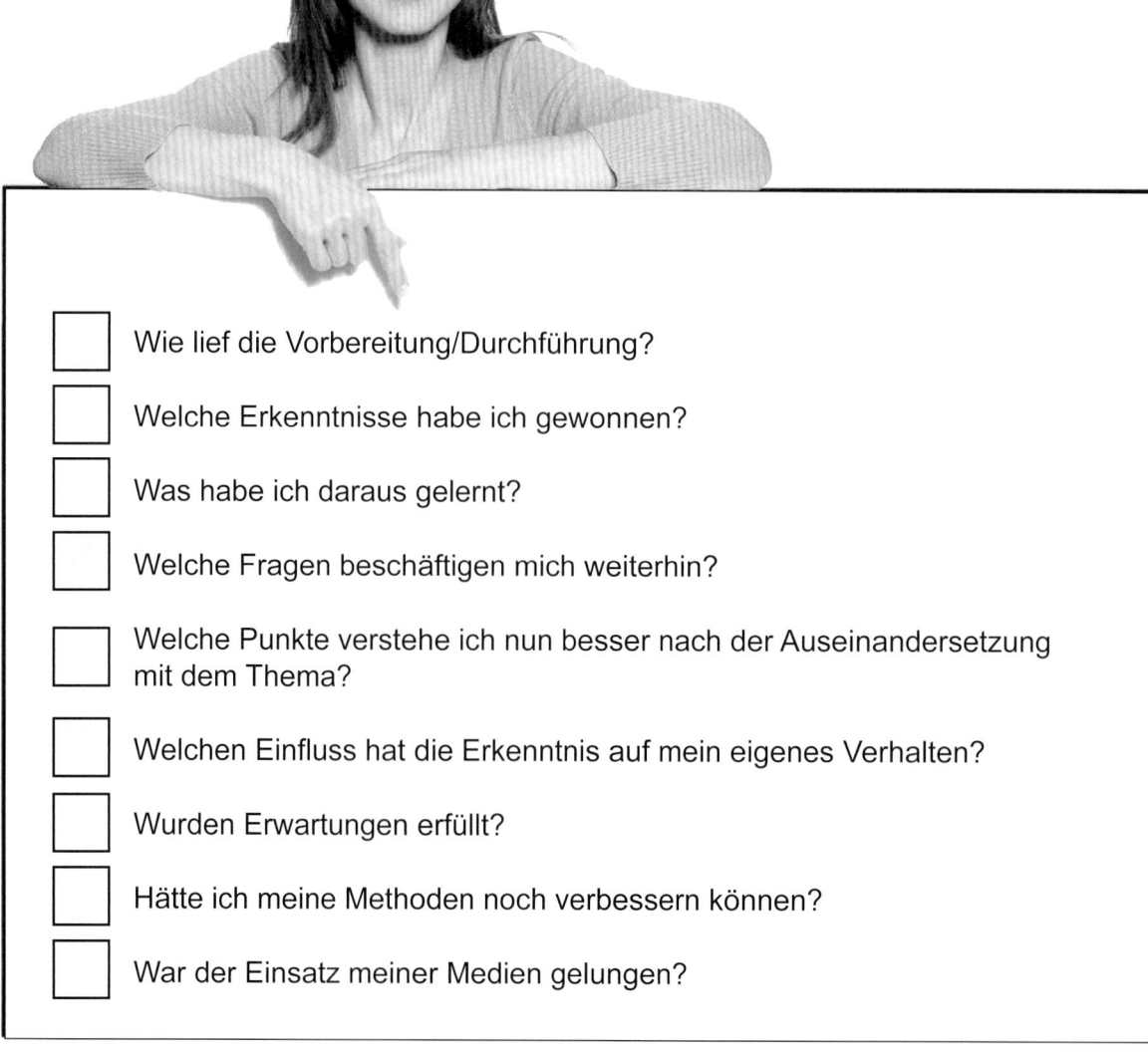

☐ Wie lief die Vorbereitung/Durchführung?

☐ Welche Erkenntnisse habe ich gewonnen?

☐ Was habe ich daraus gelernt?

☐ Welche Fragen beschäftigen mich weiterhin?

☐ Welche Punkte verstehe ich nun besser nach der Auseinandersetzung mit dem Thema?

☐ Welchen Einfluss hat die Erkenntnis auf mein eigenes Verhalten?

☐ Wurden Erwartungen erfüllt?

☐ Hätte ich meine Methoden noch verbessern können?

☐ War der Einsatz meiner Medien gelungen?

KOHL VERLAG
Der Verlag mit dem Esel
www.kohlverlag.de
Das Referat
Praxis Deutsch Sekundarstufe - Bestell-Nr. 10 904

6 Und nach dem Referat?

Hier eine Reflexion als Beispiel zum Thema „Dubai":

→ Organisation

Die Vorbereitung und Bearbeitung lief sehr gut, da alle Medien in der Schule waren. Die Lehrer, die ich gefragt habe, haben mich unterstützt. Der Computerraum stand mir zur Verfügung und der Raum für die Präsentation war auch gut gewählt. Die Organisation all dieser Punkte war aber schon sehr aufwändig für mich.

→ Medien und Vorgehen

Ich habe mich entschieden, viele Karten und Bilder einzusetzen und sie auszuhängen. In der Powerpoint-Präsentation habe ich viele Bilder gezeigt und mit Musik unterlegt, das hat sehr gut geklappt.

→ Präsentation

Die Entscheidung für Karten, Bilder und Powerpoint war gut. Ich konnte beim Vortrag gut auf die Karten und Bilder verweisen. Nervös geworden bin ich, als ich eine falsche Taste gedrückt habe und daher die Powerpoint-Präsentation noch einmal starten musste. Vielleicht würde ich beim nächsten Mal auf PC und Beamer eher verzichten.

→ Verbesserungsvorschläge

Ich habe gemerkt, dass die ausgehängten Bilder sehr klein waren. Beim nächsten Referat würde ich sie größer ausdrucken. Die Vielzahl der Medien hat mich schon nervös gemacht – weniger ist sicherlich besser.

→ Persönliche Rückmeldung

Ich habe zum ersten Mal alles alleine gemacht und war für alles selbst verantwortlich. Das war nicht einfach – aber eine sehr gute Erfahrung. Ich weiß jetzt, dass ich nicht immer meinen Lehrer fragen muss, weil ich vieles selber kann.

KOHL VERLAG
Der Verlag mit dem Baum
www.kohlverlag.de

Das Referat
Praxis Deutsch Sekundarstufe - Bestell-Nr. 10 904

Aufgabe 1: *Erstelle zu dem von dir ausgewählten Themenfeld schriftlich eine stichwortartige Reflexion.*

EA

_____

_____

_____

_____

_____

_____

_____

_____

_____

_____

_____

Juhuuuh! Fertig! Ich hab's geschafft. Referat gehalten! Alles erledigt ... .

... Fast! Vergiss die Kehrwoche nicht! Herzlichen Glückwunsch übrigens zu dem tollen Referat.

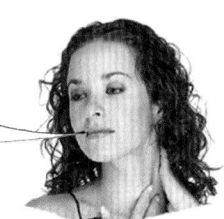

 # Tipp:

Vergiss nicht die „Kehrwoche" nach deinem Referat!

→ technische Geräte zurückbringen.
→ Materialien einsammeln und zurückbringen bzw. mitnehmen.
→ Tische und Stühle wieder zurechtrücken.
→ Gläser, Wasser und Blumenvase zurückbringen.
→ Tafeln zurückbringen.

Das Referat
Praxis Deutsch Sekundarstufe - Bestell-Nr. 10 904
 KOHL VERLAG
www.kohlverlag.de

7 Bewertungsbogen

Gliederung des Referates *(8 Punkte)*	volle Punktzahl	erreichte Punktzahl
Grobe Gliederung sichtbar in Themenvorstellung - allgemein Wichtiges - Spezialthemen - Fazit	2	
Themenvorstellung (Was und Warum?)	1	
Spezialthemen ausführlich dargestellt	2	
Abschließende Zusammenfassung/persönliches Fazit	3	

Informationsbeschaffung *(10 Punkte)*		
Informationen aus mehreren Quellen beschafft	2	
Informationen den entsprechenden Teilbereichen richtig zugeordnet	3	
Nur wichtige Infos verwendet	2	
Sachkenntnis gezeigt	3	

Methodische Umsetzung *(7 Punkte)*		
Mehrere Methoden angewendet	2	
Methoden abwechslungsreich und sinnvoll eingesetzt	3	
Angemessene Sprachwahl	2	

Medieneinsatz *(8 Punkte)*		
Medieneinsatz gut vorbereitet	1	
Medien passend zum Themenfeld eingesetzt	2	
Medien korrekt verwendet und sinnvoll eingesetzt	3	
Medieneinsatz unterstützt das Verständnis für das Thema *(siehe z.B. Bewertungsbogen Powerpoint)*	2	

Selbstdarstellung *(8 Punkte)*		
Blickkontakt/Ansprache	2	
Sprache, Stimme, Artikulation	3	
Körpersprache/Gesten	2	
Outfit	1	

Reflexion *(9 Punkte)*		
Organisation und Ablauf	1	
Medieneinsatz und Vorgehensweise/Methoden	2	
„Probleme" während der Präsentation/Selbstdarstellung	1	
Verbesserungsmöglichkeiten aufgezeigt	3	
Persönliche Rückmeldung	2	

Gesamtpunkte:	**50**	

Das Referat — Praxis Deutsch Sekundarstufe — Bestell-Nr. 10 904

KOHL VERLAG
www.kohlverlag.de

Lösungen zu Kapitel 2

Berufe – Modedesigner

Erste Überlegungen:

Thema: Berufe: Modedesigner	Name: Cindy
WARUM DAS THEMA? Bedeutung für mich/für meine Umwelt	• bin fasziniert von Modetrends • zeichne/male/entwerfe gerne meine eigene Mode • habe eigene Vorstellungen von Mode • bewundere Harald Glööckler • mag Individualisten • habe schon eigene T-Shirts und Jacken gestaltet
WISSENSWERTES: (in Stichpunkte)	• Geschichte • Modemetropolen und Label • Haute Couture • Ready-to-wear • Ausbildung
SPEZIALTHEMEN: (in Stichpunkten)	Ausbildung zum Modedesigner • Studium • Inhalte

Das Referat
Praxis Deutsch Sekundarstufe - Bestell-Nr. 10 904
KOHL VERLAG
www.kohlverlag.de

Oh je! Cindy hatte ihr Referat über Modedesigner fast fertig, aber der Wind hat
alles durcheinandergebracht!

Aufgabe:

a) *Hilf ihr, alles wieder in die
richtige Reihenfolge zu
bringen. Notiere die Buchstaben in der richtigen
Reihenfolge.*

A MODEMETROPOLEN & LABEL

Die wichtigsten und interes-
santesten Modemetropolen sind
unter anderem Berlin, London,
New York, Mailand und Paris.
Dort finden die wichtigsten Mo-
denwochen statt. Die großen
Modemarken veranstalten dort für
ihre Kollektionen imposante Mo-
denschauen an beeindruckenden
Locations mit vielen Models, be-
kannten Visagisten, aufwändiger
Licht- und Tontechnik usw.. Einige

B AUSBILDUNG

Nach einer Ausbildung oder einem
Studium an einer staatlichen oder
staatlich anerkannten Hoch-/Schule
oder in einem staatlich anerkannten
Studiengang erlangt man Berufs-
bezeichnungen wie z. B. Dipl.
Modedesigner/in, Modedesigner/in
Bachelor of Arts (BA) oder Mode-
designer/in Master of Arts (MA),
Staatlich geprüfte/r Modedesigner/
in, Staatlich geprüfte/r Designer/in
(Mode), etc.. Modedesign wird als
Studiengang oder Studienschwer-
punkt eines Designstudiums an
einer Universität, Kunsthochschulen, Hochschulen, Fachhochschulen und Berufsfachschulen sowie an
privaten Ersatz- und Ergänzungs-
schulen angeboten. Zur Aufnahme
werden in der Regel künstlerische
Arbeitsproben vorgelegt.

C REFLEXION

Die geschichtliche Entwicklung des
Themas Modedesigner ist sehr interessant. Am meisten haben mich
die Darstellungen zum Designen
von Mode für Individualisten und
Mode gegen den Trend beeindruckt
– das habe ich für mich ebenfalls
im Kopf. Ich weiß jetzt, dass ich
eine Ausbildung in dieser Richtung
beginnen möchte. Ich bin mir sicher,
dass die Entwürfe meiner eigenen
Kollektion überzeugen werden.
Sollte jemand einmal seinen Klei-
dungsstil verändern wollen: Wendet
euch vertrauensvoll an mich. Herzlichen Dank fürs Zuhören!

E Mode-Ikonen wie Marilyn Mon-
roe, Audrey Hepburn und Jackie
Kennedy oder Topmodels wie
Twiggy, Claudia Schiffer, Na-
omi Campbell und Heidi Klum
sorgten dafür, dass die Mode
nicht nur für die „Haute Vouture"
der feinen Leute, sondern für
alle interessant wurde. Inzwischen gibt es Modemarken, die
für Individualisten designen und
manchmal auch völlig gegen
den Trend als „Antibewegung".

D einige der größten Modemarken
sind Burberry, Giorgio Armani,
Calvin Klein, Chanel, Dolce &
Gabbana, Dior, Gucci, Jil San-
der, Louis Vuitton, Prada, Ralph
Lauren, Valentino, Versace,
Yves Saint Laurent, u.v.m.
Die heutige Modedesign- Szene
kann man in zwei Kategorien
unterteilen: Haute Couture und
Ready-to-wear.

KOHL VERLAG
www.kohlverlag.de

Das Referat
Praxis Deutsch Sekundarstufe   ·   Bestell-Nr. 10 904

F

HAUTE COUTURE

Eine Haute-Couture-Kollektion richtet sich an wohlhabende Kunden, für die maßgeschneidert wird. Der Modedesigner oder die Marke muss zur Vereinigung für Haute Couture zählen um zum „Haute-Couture-Haus" zu gehören. Diese Organisation befindet sich in Paris. Um als Haute-Couture-Haus zu gelten, muss mindestens zweimal jährlich eine Modenschau gezeigt werden mit mindestens 35 verschiedenen Modellen.

I

READY-TO-WEAR

Die nicht maßgeschneiderten Ready-to-wear-Kollektionen sind „Kleidung von der Stange" in standardisierten Größen. Es wird dabei zwischen Designer-Kollektionen und Konfektions-ware unterschieden. Merkmale von Designerkollektionen sind hohe Qualität und ungewöhnliche Schnitte. Sie haben mehr Einfluss auf die Alltagsmode als die Haute Couture. Konfektionsmode ist am häufigsten in den Läden zu finden mit dem Ziel für alle tragbare Kleidung anzubieten.

Richtige Reihenfolge:

<table>
<tr><td> </td><td> </td><td> </td><td> </td><td> </td><td> </td><td> </td><td> </td><td> </td><td> </td></tr>
</table>

G

BERUFE:
MODEDESIGNER

von Cindy

H

GESCHICHTE

Der erste Modeschöpfer im heutigen Sinne war Charles Frederick Worth (1825–1895). Er gründete sein erstes Modehaus („maison couture") in Paris. Seitdem verbinden Kundinnen und Kunden einen bestimmten Modestil mit einem Modeschöpfer bzw. Modedesigner. Die nächsten Designer waren Patou, Vionnet, Fortuny, Jeanne Lanvin, Coco Chanel, Schiaparelli, Balenciaga, Christian Dior, Yves Saint Laurent, Hugo Boss und Karl Lagerfeld.

J

Die Studienzeit an Universitäten, Kunsthochschulen, Hochschulen und Fachhochschulen beträgt in der Regel sechs bis acht Semester für einen Bachelor of Arts Abschluss und insgesamt zehn Semester für einen Master of Arts Abschluss. Inhalte des Studiums sind Fertigungstechnik, Gestaltung, computer-aided design, Kunstgeschichte, Schnittgestaltung und Marketing. Für das Modedesign-Studium (BA) kann man sich an etwa 50 staatlichen und privaten Bildungs-einrichtungen einschreiben.

b) *Suche Informationen zu diesem Thema.*

Suche in:

- Internet
- Lexikon
- Modemetropolen
- ...

Fragen:

- Experten
- Modegeschäfte
- Ausbilder
- Modedesigner
- Modelabel
- ...

Das Referat

Praxis Deutsch Sekundarstufe - Bestell-Nr. 10 904

KOHL VERLAG
Der Verlag mit dem Baum
www.kohlverlag.de

EA

Aufgabe: *Sammle Informationen in einem Cluster.*

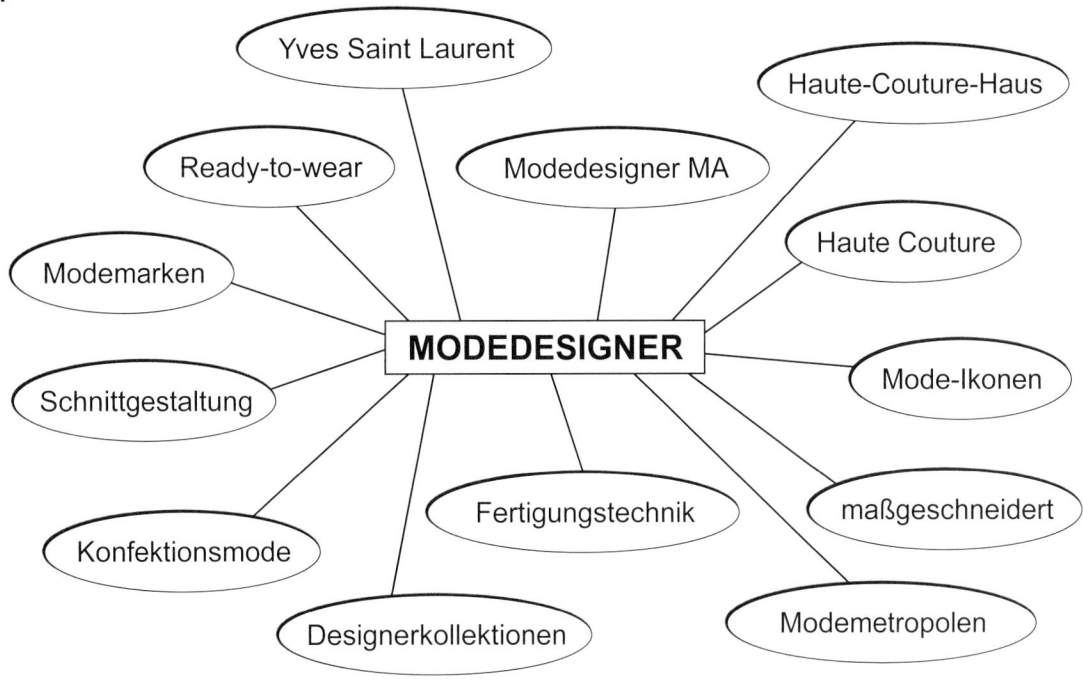

EA

Aufgabe: *Notiere die Informationen in einer sinnvollen Reihenfolge.*
Gehe dabei folgendermaßen vor:

a) *Erstelle eine Tabelle.*

Berufe: Modedesigner

Bereiche	Unterthemen/Stichpunkte
Geschichte	Frederick Worth (1825-1895) erster Modeschöpfer erstes Modehaus in Paris zahlreiche Designer und Models Modemarke für Individualisten und „gegen den Trend"
Modemetropolen und Label	Berlin, London, New York, Mailand, Paris Modenschauen Dior, Klein, Boss, Lagerfeld, Saint Laurent u.v.m.
Haute Couture	Wohlhabende Kunden Haute-Couture-Haus zweimal jährliche Modenschauen, mindestens 35 Modelle
Ready-to-wear	„Kleidung von der Stange" Designer-Kollektionen Konfektionsware für alle tragbare Kleidung
Ausbildung	Studium an verschiedenen Hochschulen und Schulen Dauer zwischen 6 und 10 Semestern Inhalte wie Fertigungstechnik, Kunstgeschichte, Marketing, computer-aided design, Schnittgestaltung

Das Referat
Praxis Deutsch Sekundarstufe - Bestell-Nr. 10 904

KOHL VERLAG
www.kohlverlag.de

b) *Erstelle eine Mindmap.*

> **Vom Großen zum Kleinen!**

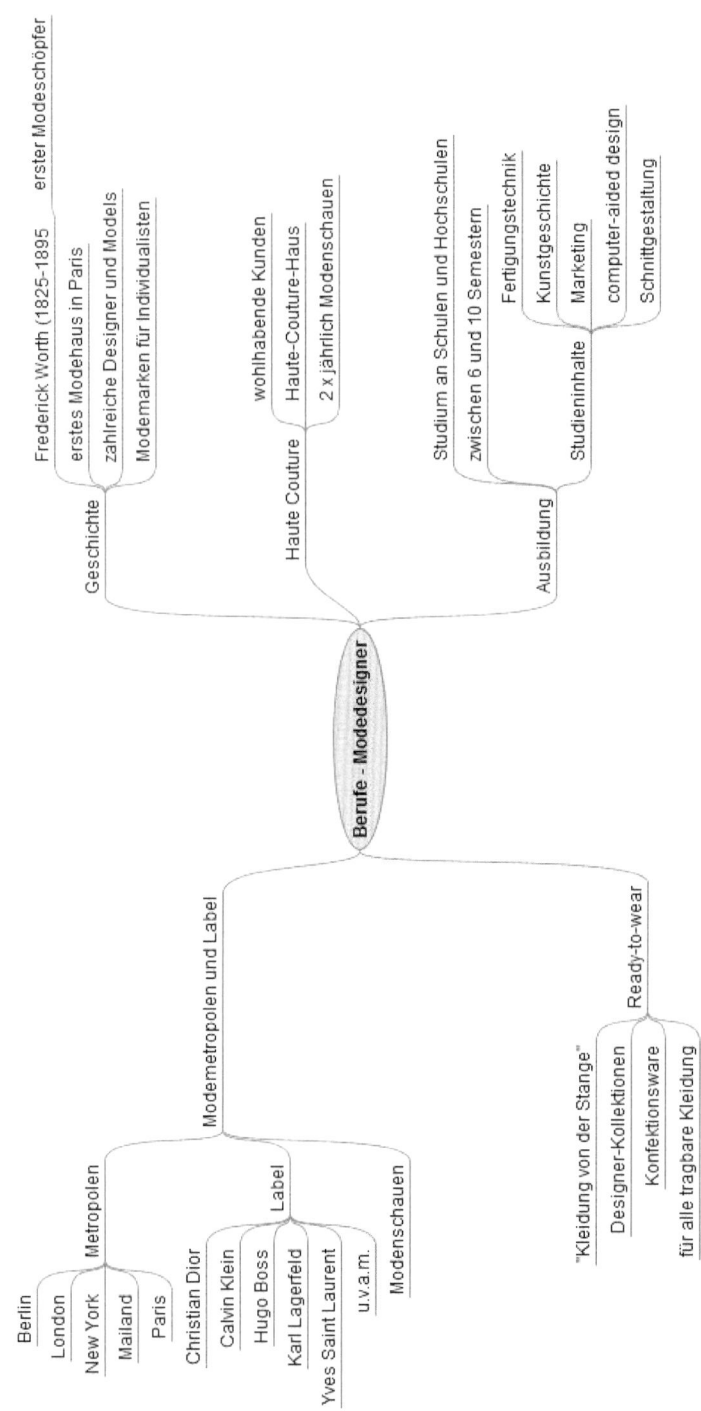

....

Reflexion: Berufe – „Modedesigner"

Die intensive Beschäftigung mit diesem Thema und die Erstellung dieses Referates hat meinen Wunsch, meinen Traumberuf zu verwirklichen, unterstützt und bestätigt. Ich habe viele Dinge, die ich bisher noch nicht wusste, erfahren und ich hoffe, dass sie mir bei meiner Bewerbung nützlich sein werden. Im Nachhinein könnte ich mir vorstellen, auch eine Powerpoint-Präsentation mit vielen Bildern zu gestalten oder selbst entworfene Kleider auf Schaufensterpuppen auszustellen.

KOHL VERLAG
Der Verlag mit dem Baum
www.kohlverlag.de

Das Referat
Praxis Deutsch Sekundarstufe - Bestell-Nr. 10 904

Trendsportarten – Waveboard

Erste Überlegungen:

Thema: Trendsportarten – Waveboard	Name: Max Mustermann
WARUM DAS THEMA? Bedeutung für mich/für meine Umwelt	• aktiver Skateboardfahrer • ich liebe Trendsportarten • ich brauche Sport und Bewegung
WISSENSWERTES: (in Stichpunkte)	• Aufbau • Fahren • Entwicklung
SPEZIALTHEMEN: (in Stichpunkten)	Fahrtechniken und Akrobatik

Oh je! Max hatte sein Referat über das Waveboard fast fertig, aber der Wind hat alles durcheinandergebracht!

EA

Aufgabe 1:

a) *Hilf ihm, alles wieder in die richtige Reihenfolge zu bringen. Notiere die Buchstaben in der richtigen Reihenfolge.*

 A **FAZIT**

Gegenüber dem Skateboard bietet das Waveboard interessantere und spektakuläre Möglichkeiten beim Fahren. Es ist aber auch bedeutend gefährlicher, so dass vor dem Einsatz unbedingt eine Schulung gemacht werden sollte. Ein Schwerpunkt muss dabei die Vermeidung von Unfällen sein. Für Einsteiger ist dieses Sportgerät ungeeignet. Als aktiver Skateboardfahrer reizt mich jetzt natürlich das Fahren auf dem Waveboard. Ich spare schon seit einigen Wochen, um mir demnächst eines leisten zu können. Es ist aber unbedingt davon abzuraten, gleich mit dem Waveboard einzusteigen und die tollen Möglichkeiten ungeübt zu nutzen – es ist einfach zu gefährlich. Vielleicht treffen wir uns ja einmal in einer Halfpipe. Herzlichen Dank für das Zuhören!

Das Referat · Praxis Deutsch Sekundarstufe · Bestell-Nr. 10 904

 KOHL VERLAG www.kohlverlag.de

B

Eine unter jeder Fußplatte angebrachte Rolle ist um 360° schwenkbar, die Schwenkachsen sind allerdings um ca. 30° geneigt. Den Rollen wird beim Fahren eine gewünschte Ausrichtung gegeben, die dem Board eine eindeutige Vorder- und Rückseite gibt.

C

FAHRTECHNIK

Das Waveboard ist in der Regel vor-, seitwärts und schräg fahrbar, nicht jedoch rückwärts. Die Einspurigkeit ermöglicht schnelle Geradeausfahrten, enge Schwenks und weite Bögen sowie schräges Driften und Kreiseln. In der Halfpipe können viele Skateboardtricks umgesetzt werden. Bein- und Hüftbewegungen sorgen für eine Beschleunigung des Boards, sodass auch Steigungen gefahren werden können. Die fehlenden Bindungen ermöglichen ein problemloses Abspringen vom Brett.

D

AUFBAU DES WAVEBOARDS

Das Waveboard ist ca. 85 cm lang und wiegt ungefähr 4,5 kg, für Kinder ist es ein wenig kürzer und leichter. Dabei sind zwei aus Kunststoff gefertigte Fußplatten mit einem drehbaren Stab verbunden. Dieser ermöglicht eine gegenläufige Drehung der Platten um die Längsachse.

E

TRENDSPORTARTEN

– WAVEBOARD

von Max

F

ENTWICKLUNG

The Wave kam im Jahr 2004 auf den US-amerikanischen Markt und wurde in Deutschland unter dem Produktnamen Waveboard angeboten. Im Oktober 2009 stellte eine Firma unter dem Namen Whiplash eine Kombination aus Tretroller und Waveboard vor um durch den zusätzlichen Halt am Lenker mehr

G

akrobatische Tricks zu ermöglichen. In Deutschland ist dieses Board seit Frühjahr 2010 im Handel. Aktuell bietet eine Firma ein Board an, mit dem man in beide Richtungen fahren. Es sind dadurch weitere Tricks möglich bei besserem Fahrverhalten in Halfpipes.

b) *Suche Informationen zu diesem Thema.*

Suche in:

- Internet
- Lexikon
- Broschüren
- ...

Fragen:

- Experten
- Sportverein
- Sportlehrer
- ...

Richtige Reihenfolge:

Das Referat   Praxis Deutsch Sekundarstufe   -   Bestell-Nr. 10 904

KOHL VERLAG   www.kohlverlag.de

Aufgabe 2: *Sammle Informationen in einem Cluster.*

EA

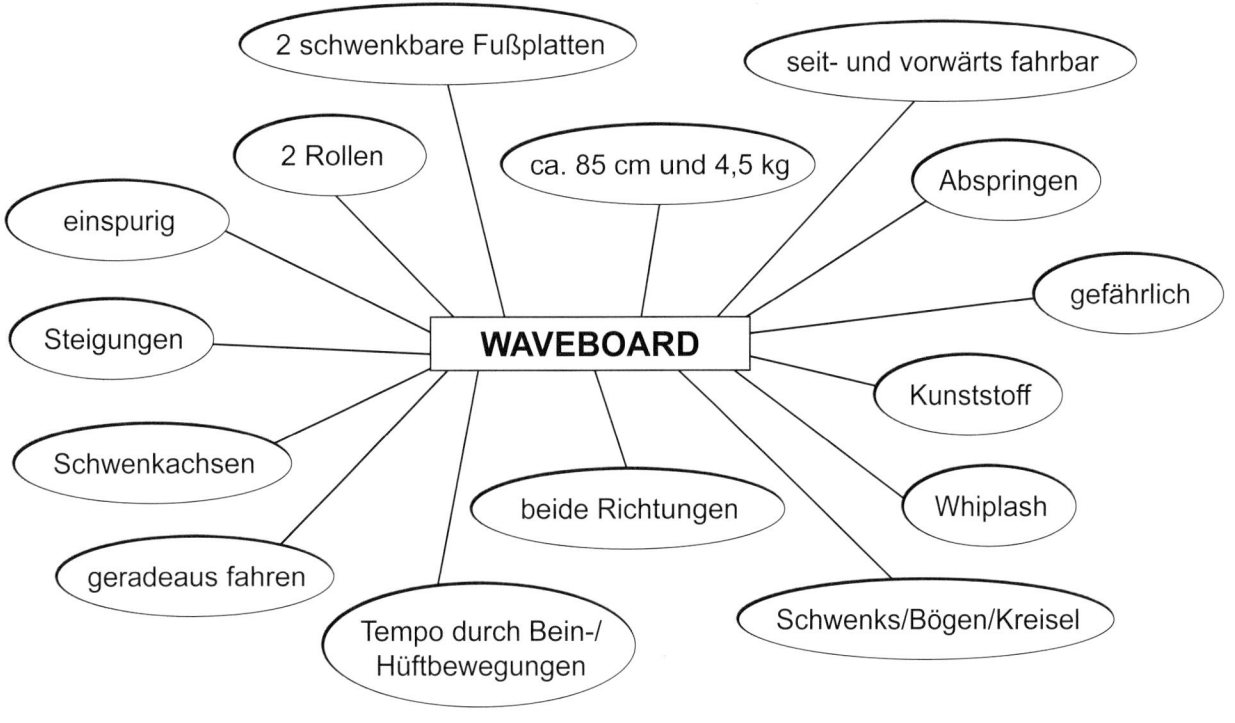

Aufgabe 3: *Notiere die Informationen in einer sinnvollen Reihenfolge.*
Gehe dabei folgendermaßen vor:

EA

a) *Erstelle eine Tabelle.*

Trendsportart: Waveboard

Bereiche	Unterthemen/Stichpunkte
Aufbau	ca. 85 cm lang, ca. 4,5 kg schwer 2 schwenkbare Fußplatten aus Kunststoff verbunden mit Stab 2 Rollen
Fahrtechnik	vor-, seitwärts und schräg fahrbar Geradeausfahrten, Schwenks, Bögen, Kreisel Beschleunigung durch Bein – und Hüftbewegungen Abspringen vom Brett
Entwicklung	2004 aus den USA 2009 Whiplash: Kombination Tretroller/Waveboard neu: Board für beide Fahrrichtungen

Das Referat   Praxis Deutsch Sekundarstufe   -   Bestell-Nr. 10 904

KOHL VERLAG
Der Verlag mit dem Baum
www.kohlverlag.de

b) *Erstelle eine Mindmap.*

Vom Großen zum Kleinen!

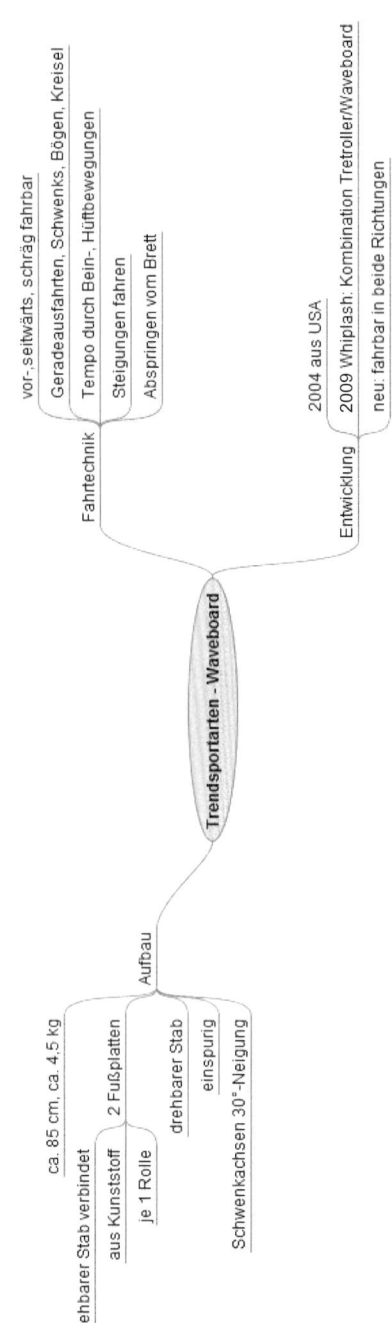

vor.-,seitwärts, schräg fahrbar

Geradeausfahrten, Schwenks, Bögen, Kreisel

Tempo durch Bein-, Hüftbewegungen

Steigungen fahren

Abspringen vom Brett

Fahrtechnik

2004 aus USA

2009 Whiplash: Kombination Tretroller/Waveboard

neu: fahrbar in beide Richtungen

Entwicklung

Trendsportarten - Waveboard

Aufbau

ca. 85 cm, ca. 4,5 kg

drehbarer Stab verbindet

2 Fußplatten

aus Kunststoff

je 1 Rolle

drehbarer Stab

einspurig

Schwenkachsen 30°-Neigung

Reflexion: „Trendsportarten – Waveboard"

Ich bin sehr zufrieden mit meinem Referat. Dieses Thema ist genau für mich gemacht. Da ich mich damit richtig gut identifizieren kann, glaube ich, dass ich es auch gut erklären konnte. Beim nächsten Mal würde ich aber auf alle Fälle einen kleinen Praxisteil einschieben und auf der Halfpipe zeigen, was man mit einem Waveboard alles machen kann. Das wäre sicher noch viel beeindruckender.

Das Referat
Praxis Deutsch Sekundarstufe - Bestell-Nr. 10 904

KOHL VERLAG
Der Verlag mit dem Baum
www.kohlverlag.de

Gefahr von Drogen – Rauchen

Erste Überlegungen:

Thema: Gefahr von Drogen – Rauchen	Namen: Bianca & Jan
WARUM DAS THEMA? Bedeutung für mich/für meine Umwelt	• haben viele Berichte über die Droge Tabak und ihre Folgen gelesen • bin Nichtraucherin; bin Nichtraucher • Aufschrift auf Zigarettenpackungen: Rauchen kann tödlich sein • lehnen Drogen ab • möchten Freunde und Familie über die Gefahren informieren • Spiel mit der Gesundheit
WISSENSWERTES: (in Stichpunkte)	• Inhaltsstoffe von Tabak • Tabakindustrie • Arbeitsplätze • Tabakanbaugebiete

SPEZIALTHEMEN:
 	
(in Stichpunkten)
	Tabakpflanze
	
	• biologisch
	  - Inhaltsstoffe
	  - gefährliche Substanzen
	• medizinisch
	  - Wirkungen auf den menschlichen Körper
	  - Sucht und ihre Auswirkung
	• Umwelt
	  - Passivraucher
	  - Luft

Das Referat
Praxis Deutsch Sekundarstufe - Bestell-Nr. 10 904
KOHL VERLAG
www.kohlverlag.de

Oh je! Bianca und Jan hatten ihr Referat über das Rauchen fast fertig, aber der Wind hat alles durcheinandergebracht!

Aufgabe 1:

a) *Hilf den beiden, alles wieder in die richtige Reihenfolge zu bringen. Notiere die Buchstaben in der richtigen Reihenfolge.*

A   **TABAKINDUSTRIE**

Weltweit waren Anfang des 21. Jahrhunderts ungefähr zwei Millionen Personen in der Zigarettenindustrie beschäftigt. Über zwei Drittel aller Arbeitsplätze befanden sich in China, Indien und Indonesien. Die drei größten multinationalen Tabakkonzerne hatten 2003 etwas mehr als 100.000 Arbeitnehmer.

C   **SUCHT UND IHRE AUSWIRKUNGEN**

Nikotin ist verantwortlich für die Abhängigkeit von Tabakerzeugnissen. Es reichen wenige Zigaretten oder wenige Tage mit kleinem Zigarettenkonsum bis zum Eintritt der körperlichen Abhängigkeit. Sie äußert sich je nach dem Grad der Gewöhnung in Unruhe, Kreislaufbeschwerden, Kopfschmerzen und Schweißausbrüchen.

B

Die bedeutendsten Pflanzenstoffe sind die zu den Nikotinoiden zählenden Alkaloide. Nikotin ist eines der am stärksten vertretenen Alkaloide. Der größte Anteil des Nikotins wird in den Wurzeln gebildet.

D   **TABAKPFLANZE MEDIZINISCH**

Durch das Rauchen steigt das relative Risiko für Krebserkrankungen am deutlichsten, gefolgt von den Magen- und Darmgeschwüren, den chronischen Lungenerkrankungen und den Herz-Kreislauf-Erkrankungen. Auch bei ehemaligen Rauchern bleibt ein erhöhtes Lungenkrebsrisiko bestehen.
Die durchschnittliche Lebenserwartung von Rauchern ist im Vergleich zu Nichtrauchern um etwa sechs bis zehn Jahre niedriger.

E   **TABAKPFLANZE BIOLOGISCH**

Tabak ist eine Pflanze der Subtropen mit hoher Wärmebedürftigkeit und geringer Kältetoleranz. Bei Kultivierung nter 15 °C haben die Pflanzen wenig Wachstumschancen. Für einen guten Wuchs benötigt die Tabakpflanze neben Wärme genügend Feuchtigkeit.

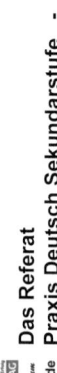

KOHL VERLAG
Der Verlag mit dem Baum
www.kohlverlag.de

Das Referat
Praxis Deutsch Sekundarstufe - Bestell-Nr. 10 904

F

TABAKANBAUGEBIETE

Zu Anfang des 21. Jahrhundert lagen fast 90 % der Anbauflächen in den südlichen Ländern der tropischen und subtropischen Landschaftszonen in Afrika, Lateinamerika und Asien. Die Volksrepublik China war mit 1,5 Millionen Hektar Anbaufläche und einem Produktionsanteil von 2,6 Millionen Tonnen der weltgrößte Tabakanbauer.

G

GEFAHREN VON

DROGEN – RAUCHEN

von Bianca und Jan

H

FAZIT

Die Informationen, die mir bei der Beschäftigung mit dem Thema „Rauchen gefunden habe, sind für uns sehr interessant. Uns beeindruckt die Bedeutung, die der Tabakanbau für die großen Firmen haben, die den Menschen Arbeitsplätze zur Verfügung stellen können. Die Steuereinnahmen für den Staat durch den Tabakkonsum sind auch sehr wichtig.

I

Trotzdem sind wir froh, Nichtraucherin zu sein und uns sicher, dass wir es bleiben werden. Die gesundheitlichen Schäden, die Abhängigkeit und die persönlichen Kosten, die das Rauchen nach sich ziehen, sind für uns entscheidend. Jeder kann sich allerdings selber entscheiden, wie er mit diesem Thema umgeht.

J

PASSIVRAUCHER

Über die Schädlichkeit des Passivrauchens besteht ein breiter Konsens. Tabakrauch ist gesundheitsschädigend nicht nur für aktive Raucher, sondern auch für alle Menschen, die den Rauch passiv einatmen. Selbst der Rauch einer einzelnen Zigarette führt dazu, dass die Gesundheit aller im selben Raum geschädigt wird.

Richtige Reihenfolge:

b) *Suche Informationen zu diesem Thema.*

Suche in:

- Internet
- Lexikon
- Broschüren
- ...

Fragen:

- Experten
- Drogenberatung
- Arzt
- Gesundheitsamt
- ...

Das Referat Praxis Deutsch Sekundarstufe - Bestell-Nr. 10 904

 KOHL VERLAG
Der Verlag mit dem Baum
www.kohlverlag.de

EA

Aufgabe 2: *Sammle Informationen in einem Cluster.*

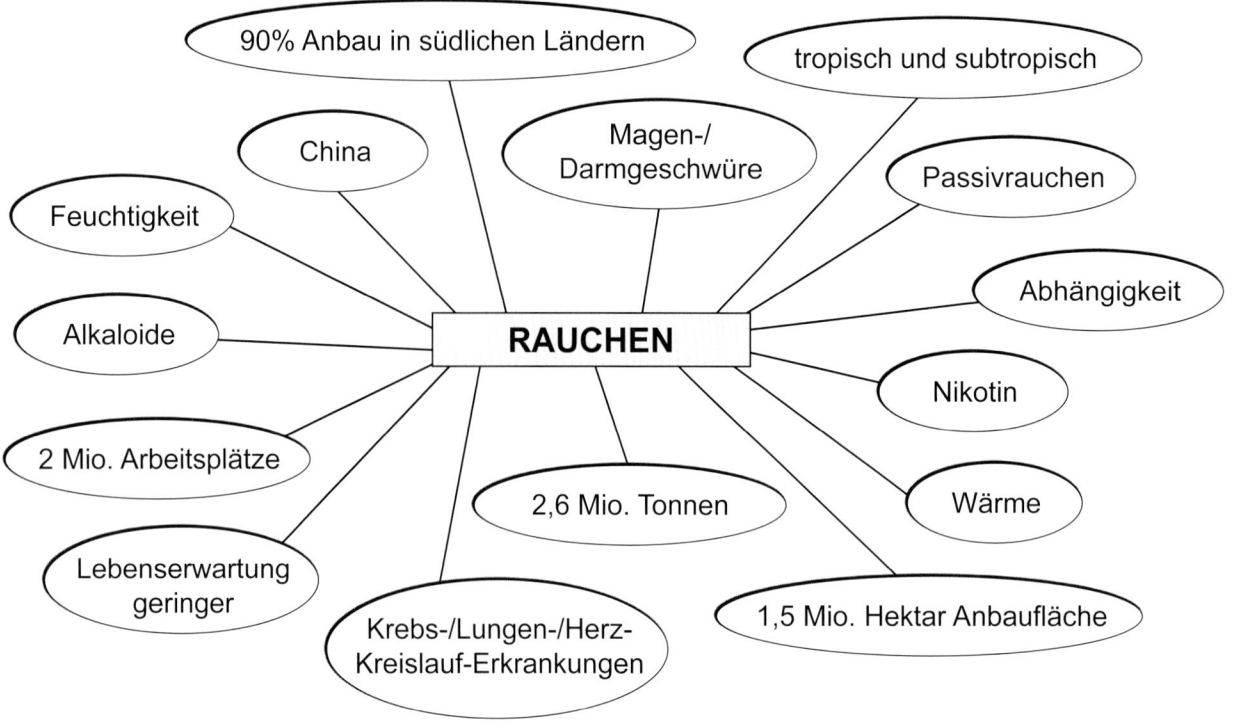

EA

Aufgabe 3: *Notiere die Informationen in einer sinnvollen Reihenfolge.
Gehe dabei folgendermaßen vor:*

a) *Erstelle eine Tabelle.*

Gefahr von Drogen: Rauchen

Bereiche	Unterthemen/Stichpunkte
Anbaugebiete	tropische/subtropische Länder 90 % in südlichen Ländern 1,5 Mio. Arbeitsplätze 2,6 Mio. Tonnen China
Industrie	Arbeitsplätze
Tabakpflanze	biologisch: warm, feucht, Alkaloide, Nikotin medizinisch: Erkrankungen (Krebs, Lunge, Herz-Kreislauf, Magen/Darm)
Sucht	Abhängigkeit
Passivraucher	gesundheitsschädigend nicht nur für aktive Raucher

Das Referat
Praxis Deutsch Sekundarstufe - Bestell-Nr. 10 904
www.kohlverlag.de
KOHL VERLAG

b) *Erstelle eine Mindmap.*

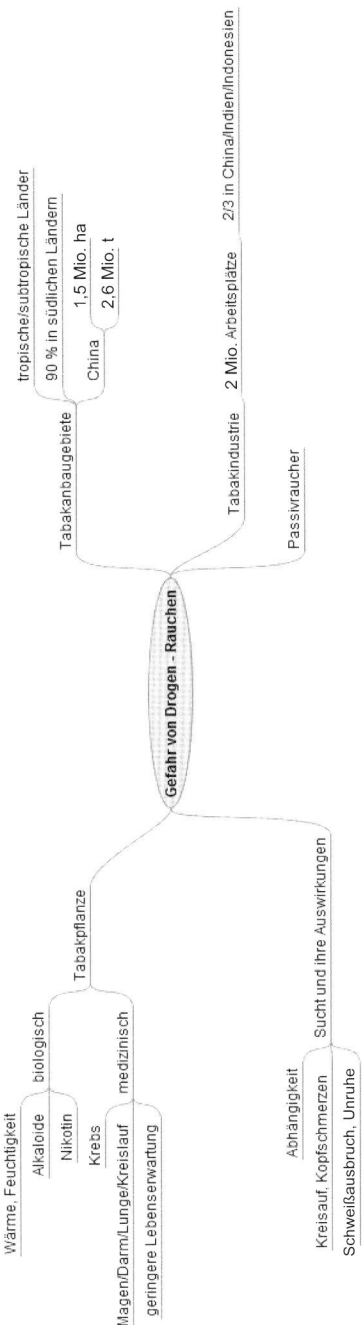

Mindmap „Gefahr von Drogen – Rauchen"

- Tabakanbaugebiete
  - tropische/subtropische Länder
  - 90 % in südlichen Ländern
    - China
      - 1,5 Mio. ha
      - 2,6 Mio. t
- Tabakindustrie
  - 2 Mio. Arbeitsplätze
    - 2/3 in China/Indien/Indonesien
- Passivraucher
- Tabakpflanze
  - biologisch
    - Wärme, Feuchtigkeit
    - Alkaloide
      - Nikotin
  - medizinisch
    - Krebs
    - Magen/Darm/Lunge/Kreislauf
    - geringere Lebenserwartung
- Sucht und ihre Auswirkungen
  - Abhängigkeit
    - Kreislauf, Kopfschmerzen
    - Schweißausbruch, Unruhe

Reflexion „Gefahr von Drogen: Rauchen"

Bei unserem Referat zum Rauchen haben wir gut zusammengearbeitet, lediglich die Aufteilung beim Vortrag war nicht gut gewählt. Wir hätten uns öfter abwechseln sollen und das Referat nicht einfach in zwei Teile aufgliedern sollen. Aber unsere Medien waren gut gewählt. Wir würden wieder dieses Thema wählen, da wir sehr viel darüber gelernt haben. Dieses Wissen kann für unsere Zukunft nur von Vorteil sein.

KOHL VERLAG
Das Referat
Praxis Deutsch Sekundarstufe - Bestell-Nr. 10 904
www.kohlverlag.de
Der Verlag mit dem Baum

9 Die Lösungen

1   **Aufgabe 1:**   Lösung siehe jeweiliges Fazit in Kapitel **8** ausgearbeitet.

2   **Aufgabe 1:**   **a)** <u>Richtige Reihenfolge:</u>   G, A, I, H, F, E, J, C, B, D
                                b) Lösung siehe Informationen auf den einzelnen Blättern (Seiten 13-14 und 17).

         Aufgabe 3:   **a)** Individuelle Entscheidungen für ein Themenfeld.
                                b) Siehe die entsprechende Tabelle in Kapitel **8** ausgearbeitet.

         Aufgabe 4:   **a) & b)** Lösung Informationen und Cluster in Kapitel **8** ausgearbeitet.

         Aufgabe 5:   **a) & b)** Lösung Tabelle und Mindmap in Kapitel **8** ausgearbeitet.

3   **Aufgabe 1:**   Individuelle Lösungen.

         Aufgabe 2:   Individuelle Lösungen.

         Aufgabe 3:   Individuelle Lösungen.

4   **Aufgabe 1:**   **a) & b)** Individuelle Lösungen.

         Aufgabe 2:   Individuelle Lösungen.

         Aufgabe 3:   <u>Richtige Antworten:</u>   b), c), d), f), h), i), k), l), m), n)

         Aufgabe 4:   <u>Person:</u>   Blickkontakt, Mimik, Gestik, Hände an der Gürtellinie, nicht zu schnell, deutlich und verständlich sprechen, bequemes und angemessenes Outfit
                               <u>Medien:</u>   Kärtchen, PC, Beamer, Powerpoint, Tafeln (Magnettafel, Whiteboard, Kreidetafel, Pinboard), Stellwand, Tageslichtprojektor, Folien, Folienstifte, Flipchart
                               <u>Raum:</u>   saubermachen, überflüssige Tische und Stühle nach draußen, Tafel putzen, frische Blumen auf dem Pult, Gläser und Wasser für die Prüfer
                               <u>Sonstiges:</u>   Verlängerungsschnur, Kreide, zweiter Tageslichtprojektor und Beamer als Ersatz, Pinnadeln, Zeigestock, Tisch zum Ablegen der Materialien, Funktionieren alle Geräte?

5   **Aufgabe 1:**   <u>Richtige Antworten:</u>   b), c), d), f), g), h), j), k), n), o)

         Aufgabe 3:   **a)** Individuelle Lösungen.
                                b)

Zeilen 2-10	Herzlich Willkommen! Mein Name ist N.N.. Das Thema meines Referates lautet ... . Zur Orientierung habe ich hier einen Ablauf vorbereitet ... .
Zeile 11	Ich spreche frei und schaue hin und wieder zur Sicherheit kurz auf meine vorbereiteten Kärtchen.
Zeilen 20-27	Ich spreche verständlich, deutlich und nicht zu schnell.
Zeile 28	Ich bleibe bei der Sache.
Zeilen 30-33	Ich unterstütze mein Referat mit Mimik und Gestik und nehme Blickkontakt mit den Zuhörern auf. Ich spreche lebendig, aber normal.
Zeile 34	Ich fasse mich kurz und referiere das Wichtige und Wesentliche. Ich beende mein Referat mit einem Schlusssatz, der z.B. beginnt mit: Zum Schluss möchte ich noch sagen ... .

6   **Aufgabe 1:**   Individuelle Lösungen.

8   **Seite 51:**   <u>Richtige Reihenfolge:</u> G, H, E, A, D, F, I, B, J, C
        Seite 56:   <u>Richtige Reihenfolge:</u> E, D, B, C, F, G, A
        Seite 61:   <u>Richtige Reihenfolge:</u> G, F, A, E, B, D, C, J, H, I

KOHL VERLAG   Der Verlag mit dem Baum   www.kohlverlag.de   Das Referat   Praxis Deutsch Sekundarstufe   -   Bestell-Nr. 10 904